Antje Schrupp

Reproduktive Freiheit

Eine feministische Ethik der Fortpflanzung

unrast transparent
geschlechterdschungel

UNRAST

Bibliografische Information der Deutschen Bibliothek:
Die Deutsche Bibliothek verzeichnet diese Publikation in der Deutschen Nationalbibliografie; detaillierte bibliografische Daten sind im Internet über https://www.dnb.de abrufbar.

Antje Schrupp
Reproduktive Freiheit
Eine feministische Ethik der Fortpflanzung

unrast transparent
geschlechterdschungel
Band 11

1. Auflage, März 2022
ISBN 978-3-89771-151-8

kontakt@unrast-verlag.de | www.unrast-verlag.de
Mitglied in der assoziation Linker Verlage (aLiVe)

Umschlag: Unrast Verlag, Münster
Satz: Unrast Verlag, Münster
Druck: Multiprint, Kostinbrod

Inhalt

Einleitung

Wir beginnen unser Leben als Teil des Körpers einer anderen Person. Der Zellhaufen, aus dem ein Mensch entstehen kann, muss sich neun Monate lang von der Materie eines lebendigen Körpers nähren, bevor er zur Welt kommen kann. Doch obwohl alle Menschen geboren werden müssen, ist nur etwa die Hälfte von ihnen selbst in der Lage, Menschen zur Welt zu bringen. Der anderen Hälfte fehlt das dazu notwendige Organ, der Uterus. Diese Ungleichheit ist keine Marginalie, sondern zieht erheblichen politischen Regelungsbedarf nach sich. Welche Rechte und Pflichten haben Schwangere und Geborene, wie konstituieren sich Beziehungen zwischen den Generationen, welche Familienformen gibt es, wer darf wo mitreden, wer bekommt materielle Unterstützung und soziale Hilfen und zu welchen Bedingungen? Solche Fragen lassen sich nicht ›aus der Natur der Sache‹ heraus beantworten, wie Philosophen, Theologen und Naturwissenschaftler lange behauptet haben. Als politische Wesen können und müssen wir Menschen die Rahmenbedingungen unserer Fortpflanzung selbst gestalten und tragen dafür auch die Verantwortung. Weder Naturgesetze noch göttliche Ordnungen geben bestimmte Verhältnisse vor.

Wie können wir die Reproduktion so organisieren, dass grundlegende Werte – individuelle Freiheit, Menschenrechte, der Schutz der Schwächeren, Solidarität, gleiche Chancen und Möglichkeiten – dabei gewahrt sind, und zwar für alle Beteiligten, auch für diejenigen, die (potenziell) schwanger werden? Dass das heteronormative Paar das einzig legitime Lebensmodell der Reproduktion sein soll, wird heute von immer mehr Menschen abgelehnt. Das traditionelle Patriarchat befindet sich in einer Legitimationskrise, die prinzipielle Unterordnung von Frauen unter Männer gilt nicht länger als legitim. Auch die Zuordnung von Neugeborenen zu einer eindeutigen Gender-Position wird zunehmend problematisiert und hinterfragt. Eigentlich sind das gute Voraussetzungen dafür, nun auch eine neue Ethik der Reproduktion zu entwickeln. Doch selbst feministische Bewegungen haben das Thema lange nur zögerlich aufgegriffen. Sowohl gleichstellungspolitische als auch queerfeministische Positionen blenden das Ärgernis der reproduktiven Differenz in ihren Analysen häufig aus.[1] Schwierigkeiten bereitet vor allem das Ideal der Gleichheit, denn in Bezug auf die biologischen Prozesse der Fortpflanzung können Menschen nicht als Gleiche betrachtet werden.

Das Thema erschien aber auch deshalb zuletzt weniger wichtig, weil Schwangerschaften in der Tat an relativer Bedeutung verloren haben, auch im Lebensverlauf von Menschen mit Uterus. Noch bis Anfang des 20. Jahrhunderts waren viele Frauen in Europa zehn Mal oder noch öfter schwanger; bei einer Lebenserwartung von gerade mal 52 Jahren (um 1900 in Deutschland) befanden sie sich also den Großteil ihres erwachsenen Lebens ›in anderen Umständen‹. Heute sind sie in den meisten Industrieländern, wenn überhaupt, nur noch 9 oder 18 Monate schwanger, und das bei gleichzeitig deutlich gestiegener Lebenserwartung: In Deutschland liegt sie bei neugeborenen Mädchen inzwischen bei 83,4 Jahren (Stand 2020)[2]. Das heißt, auch für Menschen, die schwanger werden können, ist das Kinderkriegen meist nicht mehr der vordringliche Aspekt ihres Lebens, sondern nur noch einer unter vielen. Gleichzeitig hat die Veralterung der Bevölkerung den Anteil von Frauen nach der Menopause stark erhöht und damit auch die Zahl derer, die persönlich nicht mehr akut von dem Thema betroffen sind. Wichtiger als die Beschäftigung mit den Bedingungen der Reproduktion wurde im Feminismus deshalb die Auseinandersetzung mit überkommenen Genderkonzepten, Rollenstereotypen, Transphobie, ungerechter Chancenverteilung, gläsernen

1 Ich habe das vor einigen Jahren einmal anhand von Mädchen-Büchern analysiert, vgl. Antje Schrupp: »Schwanger werden können? Gibt's nicht«, Blogpost vom 5.10.2013, https://antjeschrupp.com/2013/10/05/schwangerwerdenkonnen-gibts-nicht

2 Destatis, Pressemitteilung Nr. 331 vom 9.7.2021, https://www.destatis.de/DE/Presse/Pressemitteilungen/2021/07/PD21_331_12621.html

Decken, Pay Gaps und ähnlichem. Das alles sind unbestritten wichtige Themen, doch um die Ideale von Freiheit und Gerechtigkeit in einer postpatriarchalen Welt auf neue Beine zu stellen, braucht es auch Ideen für einen neuen Umgang mit der reproduktiven Differenz.

Zumal sich seit einiger Zeit das Thema mit großer Wucht wieder in die öffentliche Wahrnehmung geschoben hat. Grund dafür ist der aggressive Anti-Abtreibungs-Aktivismus von rechtsextremer und populistischer Seite. 2012 gründete sich das *Bündnis für sexuelle Selbstbestimmung* aus Dutzenden Gruppen, Verbänden und Netzwerken als Protest gegen den sogenannten »Marsch für das Leben«, den Anti-Abtreibungs-Gruppen einmal im Jahr veranstalten. In aller Welt führen rechtspopulistische Bewegungen einen regelrechten Feldzug mit dem Ziel, Abtreibungsverbote zu verschärfen. In Deutschland starteten sie seit 2005 gezielte, massenhafte Anzeigen nach § 219a StGB gegen Ärzt*innen, die auf ihrer Homepage über Abtreibungen informieren. Dass die Gießener Ärztin Kristina Hänel ihre Verurteilung nicht akzeptierte, sondern die Auseinandersetzung weiterführte und im Februar 2021 schließlich Verfassungsbeschwerde einreichte[3], hat besonders jüngere Frauen aufgerüttelt. Vielen von ihnen war gar nicht bewusst gewesen, wie restriktiv die Gesetzgebung in Deutschland ist.

Aber es geht bei reproduktiver Freiheit um mehr als den Zugang zu sicheren und legalen Abtreibungsmöglichkeiten. Spätestens mit der Corona-Pandemie ist offensichtlich geworden, dass wir eine massive Care-Krise haben, und die Frage der Sorge-Arbeit ist eng mit der des Kinderhabens verknüpft. Seit 2014 gibt es in Deutschland das *Netzwerk Care-Revolution*, wobei Feminist*innen das Thema aber schon viel länger auf der Agenda haben. Bereits seit den 1980er-Jahren ist eine Fülle an Literatur dazu erschienen. Auch in queeren Zusammenhängen

3 https://www.spiegel.de/panorama/justiz/kristina-haenel-umstrittener-abtreibungsparagraf-aerztin-reicht-verfassungsbeschwerde-ein-a-4cbb62a7-c7fa-40cf-90b3-fc395bb4979e

ist das Thema Elternschaft in den Fokus gerückt, da Familien, die nicht dem traditionellen heteronormativen Muster entsprechen, kaum geschützt und rechtlich abgesichert sind. 2019 gründete sich ein *Netzwerk Reproduktive Gerechtigkeit*[4], das den Fokus auf weitere intersektionale Perspektiven erweitern möchte. Diese neue feministische Aufmerksamkeit für das Kinderkriegen ist auch deshalb überfällig, weil sogenannte ›Väterrechtler‹ seit vielen Jahren daran arbeiten, die Freiheit von Menschen, die Kinder gebären, zu untergraben. Vielerorts sind sie ideologisch, organisatorisch und personell mit rechtspopulistischen, antiliberalen Bewegungen verwoben. Zwar ist im Zuge der Frauenemanzipation die Ehe unter männlicher Vorherrschaft dem Ideal einer gleichberechtigten Lebensgemeinschaft gewichen. Aber die Verfügungsgewalt von Männern über Mütter und Kinder ist unter dem Argument der ›biologischen Vaterschaft‹ fast ungebrochen zurückgekehrt. Unter Hinweis auf die vermeintlich emanzipatorische Behauptung, Väter müssten doch ›gleichberechtigt‹ in die Familienbildung einbezogen werden, hat der männliche Beiträger von Keimzellen heute gegenüber der Schwangeren eine enorme soziale und juristische Machtstellung. Auf die Spitze getrieben geht das sogar so weit, dass – wie im US-Bundesstaat Alabama – selbst Vergewaltigern das Recht zugestanden wird, gegen den Willen der Mutter das Sorgerecht zu beantragen.[5]

Reproduktive Ethik ist also ein Thema mit vielen Aspekten. Es betrifft Genderdiskurse, Reproduktionstechnologie, Familienrecht, Beziehungsformen und materielle Verhältnisse. Bevölkerungspolitische Maßnahmen haben in aller Regel auch eine rassistische Schlagseite, und sie wirken sich auf arme und reiche Bevölkerungsgruppen unterschiedlich aus. Dieses Büchlein ist der Versuch, diese unterschiedlichen Aspekte unter einer feministischen und freiheitlichen Perspektive zusammen-

4 https://repro-gerechtigkeit.de/de

5 https://www.deutschlandfunkkultur.de/konservative-wende-in-den-usa-abtreibungskrieg-in-alabama.979.de.html?dram:article_id=462571

zuführen. Es schlägt vor, das Schwangerwerdenkönnen als eine unhintergehbare Bedingung des Menschseins anzuerkennen und den Beitrag Schwangerer als gesellschaftliche Kulturarbeit zu betrachten, die alle etwas angeht. Denn es mögen zwar nicht alle Menschen schwanger werden können. Aber ohne die Schwangerschaft einer anderen Person wäre niemand von uns auf dieser Welt.

Bisher gibt es kaum Freiheits- und Gerechtigkeitstheorien, die die reproduktive Ungleichheit der Menschen berücksichtigen, wohl deshalb, weil die abendländische Kulturgeschichte seit der Antike von Menschen ohne Uterus dominiert wird. Sie konstruierten den idealen Menschen als autonomes Individuum, das seinesgleichen in Freiheit und Unabhängigkeit gegenübertritt, eine Illusion, die nur plausibel erscheinen konnte, weil die reproduktive Differenz aus dem Politischen ausgeschlossen und in den Bereich der Natur verwiesen wurde. Dazu dient letztlich auch die Kategorie der ›Frauen‹, die diejenigen Menschen, die schwanger werden können (oder von denen man das aufgrund ihrer Genitalien vermuten kann), in einer eigenen Gruppe zusammenfasst und sie von ›normalen‹ Menschen unterscheidet. In vielen Sprachen ist ›Mann‹ und ›Mensch‹ ja sogar dasselbe Wort. Dass in unserer Ideenwelt die reproduktive Differenz fast unentwirrbar mit Geschlechterdiskursen verwoben ist, macht das Sprechen und Schreiben über diese Themen schwierig. Auf die Unzulänglichkeit der vorhandenen Begriffe werde ich im Lauf des Buches immer wieder zurückkommen. Vorab aber schon dies zur Klärung: Es geht im vorliegenden Bändchen nicht um eine Analyse und Kritik von Genderkategorien, sondern um die Auseinandersetzung mit den politischen und ethischen Implikationen der reproduktiven Differenz. Das ist der Grund, warum ich in diesem Zusammenhang nur von Frauen und Männern spreche, wenn tatsächlich auch historisch entstandene Geschlechterkonzepte gemeint sind und nicht biologische Realitäten. Das mag einige Leser*innen irritieren, ist aber, glaube ich, notwendig. Denn es war gerade ein Merkmal der traditionellen

Ordnung, die Angelegenheiten, die mit Fortpflanzung und Schwangerwerdenkönnen zu tun haben, in spezielle ›Frauenräume‹ auszugliedern, so als hätte die Menschheit insgesamt nichts damit zu tun.

In einer Kultur, in der Frauen gleichberechtigt und frei sein sollen, lässt sich das nicht mehr legitimieren. Um eine postpatriarchale symbolische Ordnung zu entwickeln, brauchen wir mehr als nur eine ›Gleichstellung‹ von Frauen und Männern oder die Auflösung binärer Geschlechterkategorien. Vielmehr ist es notwendig, die historisch männlichen Ideen von Freiheit und Gleichheit beziehungsweise das, was darunter verstanden wird, radikal zu hinterfragen. Reproduktive Freiheit lässt sich nicht analog zu den herkömmlichen Freiheits- und Gerechtigkeitskonzepten definieren, sondern sie muss Wege zu einem freiheitlichen Umgang mit der Ungleichheit finden. Der »Schleier des Nichtwissens«, den der Philosoph John Rawls als wichtigen Bestandteil einer Gerechtigkeitstheorie definiert[6] – also die Tatsache, dass beim Ausarbeiten von gesellschaftlichen Regeln im »Urzustand« die Beteiligten nicht wissen, in welcher Position sie sich später einmal befinden werden, und daher bestrebt sind, eine möglichst gerechte Ordnung zu schaffen –, ist in Bezug auf die Reproduktion schlicht nicht gegeben. Menschen mit Penis werden niemals in eine Situation kommen, in der sie ungewollt schwanger sind, und das wissen sie.

Auch das diskursive Ideal der politischen Aushandlung lässt sich in Bezug auf das Schwangerwerdenkönnen nur zum Teil anlegen. Menschen, die gemeinsam Eltern werden wollen, können nicht frei untereinander aushandeln, wer von ihnen schwanger wird, so wie sie es (hoffentlich) beim Einkaufen, Putzen oder Kochen tun. Man muss über einen Uterus verfügen, damit man versuchen kann, schwanger zu werden. Die Art und Weise, wie Menschen sich fortpflanzen, konstituiert menschliche Beziehungsgeflechte nicht auf der Grundlage von Individualität,

6 John Rawls (1979) Eine Theorie der Gerechtigkeit (Original 1971), Suhrkamp.

Unabhängigkeit und Gleichheit, sondern auf der Grundlage von Angewiesenheit, Abhängigkeit und Ungleichheit.[7] Nicht nur, weil Menschen als kleine, vollkommen auf andere angewiesene Wesen das Licht der Welt erblicken. Sondern auch, weil die Biologie uns dabei zu Beziehungshandeln zwingt. Individuen pflanzen sich nicht fort. Wer ein Kind zur Welt bringt, ist auf Unterstützung der Gemeinschaft angewiesen. Wer keinen Uterus hat, kann nur Elternteil werden über die Beziehung zu einer anderen Person, die ein Kind gebiert. Die Biologie der Reproduktion setzt den politischen Möglichkeiten der Menschen, ihr Leben selbst zu gestalten, materielle Grenzen. Eine Ethik der Reproduktion muss das einkalkulieren und Regeln finden, die den unterschiedlichen und unter Umständen auch gegenläufigen Interessen von Menschen mit und ohne Uterus Rechnung tragen. Kurz: Nach dem Ende der heteronormativen, binären Geschlechterordnung brauchen wir endlich ein Konzept von Freiheit, das auch für Menschen mit Gebärmutter funktioniert.

7 Vgl. dazu auch Ursula Knecht u.a. (2012) ABC des guten Lebens, Christel Göttert Verlag. Auch online www.abcdesgutenlebens.de, bzw. auf Englisch www.abcofgoodlife.wordpress.com.

Narrative und symbolische Ordnung: Natur muss erzählt werden

Die Art und Weise, wie Menschen sich fortpflanzen, ist eine biologische Tatsache. Aber um Fortpflanzung politisch und sozial zu gestalten, bedarf es einer symbolischen Ordnung, innerhalb derer wir uns als sprechende und politische Wesen darüber verständigen. Wie beschreiben, wie erzählen, wie interpretieren wir die Geschichte unserer biologischen Reproduktion? Einfach den Sachverhalt objektiv, sachlich und nüchtern darzustellen, ist schlichtweg unmöglich. Beschreibung und Interpretation der Realität sind untrennbar miteinander vermischt. Das beginnt schon bei den Begriffen. Als ich 2019 meinen Essay *Schwangerwerdenkönnen*[8] schrieb, war mir zum Beispiel noch nicht bewusst, dass der Begriff ›Sperma‹ für männliches Ejakulat biologisch gesehen falsch ist. ›Sperma‹ ist das griechische Wort für ›Abkömmling, Nachkomme, Spross, Keim, Saatgut‹ – und genau darum handelt es sich beim männlichen Ejakulat nicht. Es enthält keinen Samen, kein Sperma, sondern lediglich Keimzellen (wissenschaftlich: ›Gameten‹), die sich erst noch mit einer anderen, gegengeschlechtlichen Keimzelle vereinigen müssen, damit etwas wachsen kann. Erst dadurch entsteht der Keim für neues menschliches Leben, erst der Embryo ist also ›Sperma‹. Der biologisch zutreffende Begriff für Ejakulat hingegen wäre ›Pollen‹, die laut Wikipedia dazu »dienen, die männlichen Gameten geschützt zu den weiblichen Empfangsorganen zu bringen und so ... die Befruchtung zu ermöglichen«.

Allerdings empfinden viele Männer es als eine Abwertung und Geringschätzung, wenn ihr Beitrag zur Zeugung so benannt wird. Denn die Vorstellung, wonach Männer mit ihrem ›Samen‹ die eigentlichen ›Erzeuger‹ neuer Kinder sind, ist seit Jahrtausenden in der abendländischen Philosophie fest verankert. Ge-

8 Antje Schrupp (2019) Schwangerwerdenkönnen. Essay über Körper, Geschlecht und Politik, Ulrike Helmer Verlag.

nau genommen handelt es sich dabei um Ideologie, also um eine ›Logik‹, die nicht der nachprüfbaren Realität verpflichtet ist, sondern einer Idee, und zwar der, dass Männer wichtiger, schöpferischer, bedeutender für die Reproduktion der Spezies sind als Frauen. Populär gemacht hat diese Vorstellung der griechische Philosoph Aristoteles (384 bis ca. 322 v. Chr.), der in seiner Schrift »Die Zeugung der Geschöpfe« die Ansicht vertrat, der männliche ›Same‹ sei das aktive, formende Prinzip, während die Frau mit ihrem Gebärmutterblut lediglich das passive Material für dessen Gedeihen bereitstelle.[9] Embryonen oder Föten galten sozusagen als kleine Versionen des Mannes selbst. Die Wechselwirkung zwischen dieser Darstellung auf der einen und patriarchalen Herrschaftsverhältnissen auf der anderen Seite ist offensichtlich: Nur wenn man an das Märchen vom männlichen Erzeuger glaubt, erscheint es plausibel, dass ›der Mann‹ einen Anspruch auf die Kinder hat, die eine ›Frau‹ zur Welt bringt. Oder, in einer heute üblichen Variante, die ›biologischen Eltern‹ auf die Kinder, die eine Leihmutter zur Welt bringt. Wobei die Rede von den ›biologischen Eltern‹ ebenfalls bereits ideologisch ist. Alle Schwangeren sind, unabhängig von den Genen, mit den von ihnen geborenen Kindern biologisch verwandt, denn über die Plazenta werden Körperzellen zwischen Fötus und Schwangerer ausgetauscht, die dauerhaft in den jeweiligen Körpern verbleiben und im Fall einer weiteren Schwangerschaft auch an andere Kinder ›vererbt‹ werden.[10]

Aus dem Narrativ vom Mann als ›Erzeuger‹ der Nachkommenschaft ergeben sich die meisten geschlechterstereotypen Zuschreibungen der patriarchalen symbolischen Ordnung. Dass ›er‹ angeblich ›seinen‹ Samen in die Frau einpflanzt, legt ja nahe, sich Frauen als passive, nährende Empfängerinnen vorzustellen. Das schlägt sich bis in die Begriffe nieder, mit denen wir

---

9 Vgl. auch dazu ausführlich Christina von Braun (2018), Blutsbande. Verwandtschaft als Kulturgeschichte, Aufbau Verlag, S. 63ff.

10 https://www.huffingtonpost.de/2016/02/18/zellen-im-gehirn_n_9252294.html

den Prozess beschreiben. 2019 schrieb auch ich noch von »befruchteten Eizellen«, eine Formulierung, die den ›weiblichen‹ Beitrag passiv, den ›männlichen‹ hingegen aktiv formuliert, und den ich deshalb heute nicht mehr verwende.

Symbolische Ordnungen und ihre Narrative prägen aber nicht nur die Vorstellungswelt der Menschen, sondern auch die Wissenschaft. Wofür man keine Bilder hat, das hält man auch nicht für existent. Tatsächlich ist die weibliche Eizelle erst Ende des 18. Jahrhunderts entdeckt worden, denn niemand hatte nach so etwas gesucht. Aber Narrative können sich ändern. So ist es sicher kein Zufall, dass die aktive Rolle der weiblichen Gameten heute, wo das Bekenntnis zur Frauenemanzipation die symbolische Ordnung prägt, plötzlich auch in der biologischen Forschung ›entdeckt‹ wird: Kürzlich hat man nachgewiesen, dass Eizellen sehr wohl eine aktive Rolle im Zeugungsprozess spielen, indem sie bestimmte männliche Keimzellen auswählen oder eben zurückweisen.[11] Die Einführung eines ›gleichberechtigten‹ Narrativs bei der Beschreibung der Fortpflanzung dient allerdings bislang ebenfalls dazu, den Aspekt der Schwangerschaft auszublenden. Wurde früher die Bedeutung von Schwangerschaft und Gebären allzu stark herausgestellt, um damit den Ausschluss der Frauen aus gesellschaftlichen Machtpositionen zu legitimieren, so stören sie heute im Gegenteil das emanzipatorische Gleichheitsnarrativ. Moderne Paare bemühen sich deshalb, eine egalitäre Geschichte daraus zu stricken, sie sagen zum Beispiel: »Er zeugt das Kind, sie trägt es aus.« So als wäre das Fifty-Fifty-Teamwork. Dass nach der (gemeinsamen) Zeugung des Embryos nur *eine* von beiden neun Monate lang schwanger ist, wird in dieser Erzählung ausgeblendet – und auch das hat konkrete Auswirkungen in der Realität, wenn wir etwa an die Verknappung von Hebammen oder generell fehlende Ressourcen in der Geburtshilfe denken.

11 https://www.spektrum.de/news/auch-eizellen-sind-waehlerisch/1743096

Dass die Beschreibung biologischer Vorgänge immer mit einer gesellschaftlichen und zeitbezogenen Interpretation dieser Vorgänge verwoben ist, bedeutet andererseits aber nicht, dass das Geschehen ausschließlich ›konstruiert‹ sei. Menschliches Sprechen bewegt sich zwar immer im Rahmen einer symbolischen Ordnung, die bestimmte Perspektiven und Interpretationen nahelegt, aber es geht doch um die reale Welt, über die es sich zu verständigen gilt. Die symbolische Ordnung zu verändern, ist ein wesentlicher Hebel für feministischen Aktivismus, denn in dem Moment, wo wir die Dinge, die wir erleben, anders erzählen, als sie früher erzählt wurden, schaffen wir auch neue reale Möglichkeiten und Handlungsoptionen.[12] Das funktioniert jedoch nicht willkürlich. Die Welt lässt sich nicht einfach durch Fantasie und Erzählung neu erschaffen. Sondern es geht darum, neue Begriffe, Wörter, Ideen und Beschreibungen zu finden, die mit dem Realen dieser Welt und mit unserem eigenen Begehren, mit dem, wie wir uns ein gutes Leben vorstellen, besser in Resonanz stehen als die bisherigen. Eine neue Erzählung der menschlichen Fortpflanzung kann keine größere ›objektive‹ oder ›wissenschaftliche‹ Richtigkeit beanspruchen als die alte patriarchale und geschlechterbinäre Erzählung. Aber sie kann unser Anliegen nach Freiheit besser mit der Welt, mit den materiellen Gegebenheiten der Conditio Humana verbinden und so die Voraussetzung dafür schaffen, dass sich auch die gesellschaftlichen Verhältnisse entsprechend ändern.

12 Vgl. insbesondere die Arbeiten italienischer Differenzfeministinnen, zum Beispiel den Sammelband der Veroneser Philosophinnengruppe Diotima: Die Welt zur Welt bringen. Politik, Geschlechterdifferenz und die Arbeit am Symbolischen, Ulrike Helmer Verlag 1999.

Varianten der Menschheit: Zur Biologie der Reproduktion

Es braucht zwei Varianten menschlicher Körper, um Nachkommen hervorzubringen. Ein menschlicher Embryo kann ausschließlich aus der Verschmelzung von zwei *unterschiedlichen* Keimzellen entstehen, einer ›weiblichen‹ und einer ›männlichen‹. Zwar ist bei einigen Tieren (Blattläusen, Wasserflöhen, manchen Fisch- und Eidechsenarten) auch die Parthenogenese oder ›Jungfernzeugung‹ möglich, also eine eingeschlechtliche Fortpflanzung, bei der Nachkommen aus Gameten entstehen, die sich vorher nicht mit einem gegengeschlechtlichen Pendant vereinigt haben. Bei Säugetieren ist das aber nicht möglich. Von sehr seltenen Ausnahmen abgesehen, kann auch jeder menschliche Körper nur *entweder* die eine *oder* die andere Version von Gameten hervorbringen. Und, was vielleicht noch wichtiger ist: Nur diejenigen Menschen mit der größeren Gamete (die in der Biologie als Eizelle oder auch als ›weiblich‹ bezeichnet wird) haben einen Uterus – also jenes Organ, in dem bei Säugetieren ein Embryo heranreifen kann.

Eine Metastudie über Geschlechtsvarianzen hat diese reproduktive Differenz so definiert: Der »typisch männliche« Mensch hat »XY Chromosomen, Hoden, die sich innerhalb des Hodensacks befinden und Sperma produzieren, das über den Samenleiter zur Harnröhre transportiert und außerhalb des Körpers ejakuliert werden kann. Die Penislänge bei der Geburt ist 2,5 bis 4,5 Zentimeter lang…« (es folgen noch einige weitere Spezifikationen). Der »typisch weibliche« Mensch hingegen hat »zwei X-Chromosomen, funktionierende Eierstöcke, die eine weibliche Pubertät sicherstellen, Eileiter, die zu einer Gebärmutter führen, einen Gebärmutterhals und eine Vagina, innere und äußere Schamlippen, und eine Klitoris, die bei der Geburt zwischen 0,2 und 0,85 Zentimeter groß ist«[13]. Wenn

13 Melanie Blackless u.a.: »How Sexually Dimorphic Are We?« in: American Journal of Human Biology, Nr. 12/2000, S. 151–165.

man diese Zahlen als Maßstab nimmt, fallen 98,3 Prozent aller menschlichen Körper in genau eine dieser beiden Varianten. 1,7 Prozent wären demnach ›intersexuell‹. Diese Zahl ist aber letzten Endes willkürlich, denn je strenger man die Grenzen dessen zieht, was ein ›richtiger‹ weiblicher oder männlicher Körper zu sein hat, desto mehr Körper fallen außerhalb des Rasters – und vice versa.

Intersexualität hat nicht per se etwas mit Transidentität zu tun. Die meisten trans Menschen haben bei der Geburt Körper, die eindeutig einer der beiden reproduktiven Varianten zuzuordnen sind, während die meisten Menschen, die nach obiger Definition als ›intersexuell‹ gelten, sich als eindeutig weiblich oder männlich verstehen. In der Regel sind diese Personen auch gesund und ihre Körper unproblematisch. Bei Menschen mit Gebärmutter und XX-Chromosomen zum Beispiel kann eine Hormonstörung, das sogenannte Androgenitale Syndrom, zu einem ›vermännlichten‹ Aussehen führen, etwa einer vergrößerten Klitoris oder vermehrter Körperbehaarung. Andersherum gibt es Menschen mit XY-Chromosomen, die äußerlich ganz besonders ›weiblich‹ erscheinen: Sie haben reine Haut, kaum Körperbehaarung, einen großen Busen. Das Phänomen heißt Androgen-Insensitivitäts-Syndrom (AIS) und bedeutet, dass der Embryo nicht auf die Hormone anspricht, die für die Ausbildung von Penis und Hodensack zuständig sind. Trotz ihrer XY-Chromosomen verstehen die meisten dieser Menschen sich eindeutig als Frauen und werden auch von anderen dafür gehalten.[14] Schließlich haben manche Menschen Chromosomensätze, die von der idealtypischen XX oder XY-Variante abweichen (zum Beispiel X0 oder XXY), was manchmal dazu führt, dass die Betroffenen eng definierten Geschlechternormen nicht mehr entsprechen. Auch die meisten intersexuellen Menschen können jedenfalls schwanger werden oder mit den eigenen Keimzellen zur Schwangerschaft anderer beitragen, wenn auch

14 Ausführlich geschildert wird das Phänomen von Natalie Angier (2000) Frau, S. 50ff.

manchmal mit geringerer Wahrscheinlichkeit. Und auch diejenigen, die keine Kinder gebären oder zeugen können, leben größtenteils als Männer oder Frauen. Es gibt allerdings auch Fälle von sogenanntem ›Hermaphrodismus verus‹, also Menschen, die tatsächlich die reproduktiven Organe *beider* Geschlechter haben: Sie werden mit Eierstöcken und Hoden, mit Gebärmutter und Prostata, mit Vagina und Penis geboren, und manche ihrer Zellen enthalten XX-Chromosomen, andere XY-Chromosomen. Echte Hermaphroditen können sowohl Kinder gebären als auch Samengeber für die Schwangerschaft anderer sein – wenn ihnen nicht die reproduktiven Organe operativ entfernt wurden, was leider häufig auch ohne medizinische Indikation geschieht. Echte Hermaphroditen sind aber sehr selten, in der Größenordnung von 1:20.000 bis 1:100.000.[15]

Während für die Zeugung eines menschlichen Embryos zwei unterschiedliche Gameten gebraucht werden, erfordert die anschließende Schwangerschaft einen lebendigen Körper mit Uterus. Die Gebärmutter ist das einzige ›monosexuelle‹ Organ, das es gibt. Während die geschlechtlich ausdifferenzierten menschlichen Organe üblicherweise komplementär sind, also in zwei Varianten existieren – die Hoden entsprechen den Eierstöcken, der Penis der Klitoris, der Hodensack den Schamlippen und so weiter – gibt es für die Gebärmutter kein ›männliches‹ Pendant: Man hat eine oder nicht. Ursprünglich ist in allen Embryonen, auch den sogenannt ›männlichen‹, die Anlage für die Entwicklung einer Gebärmutter vorhanden. Doch bei etwa der Hälfte von ihnen sorgt ein Hormon (das ›Anti-Müller-Hormon‹) dafür, dass diese Anlage abstirbt. In aller Regel sind das die Embryonen mit XY-Chromosomen, aber auch etwa jedes 5.000ste Baby mit XX-Chromosomen hat

15 Melanie Blackless u.a.: »How Sexually Dimorphic Are We?« in: American Journal of Human Biology, Nr. 12/2000, S. 159, gehen von 1:100.000 aus, die National Organization for Rare Disorders geht von maximal 1:20.000 Fällen aus, https://rarediseases.org/rare-diseases/ovotesticular-disorder-of-sex-development

keine oder nur eine verkümmerte Gebärmutter – das sogenannte Mayer-Rokitansky-Küster-Hauser-Syndrom (MRKH). Diese Frauen werden oft fälschlicherweise als ›steril‹ bezeichnet, also als nicht zeugungsfähig, aber ihre Eierstöcke sind in der Regel intakt. Sie können also sehr wohl Kinder zeugen, sie können sie bloß nicht selbst gebären und sind, ebenso wie cis Männer, auf die Gebärmutter einer anderen Person angewiesen, wenn sie genetisch eigene Kinder haben wollen.

Es wird bei Debatten über Fortpflanzung häufig übergangen, dass Schwangerschaften und Geburten ein beachtliches Gesundheitsrisiko für die Betroffenen bergen – vom Dammriss über Rückenschmerzen und Inkontinenz bis zur Depression. Eine kanadische Studie hat gezeigt, dass etwa die Hälfte aller Mütter noch ein Jahr nach der Geburt über Blasenschwäche und mehr als drei Viertel über Rückenschmerzen klagten.[16] Bis zu 14 Prozent der Schwangeren entwickeln Diabetes, die zwar meist nach der Geburt wieder zurückgeht, aber nicht immer.[17] Auch hoher Blutdruck ist während Schwangerschaften häufig, er kann auch ein Hinweis auf eine drohende Eklampsie sein, eine schwere Komplikation, die mit ernsten Symptomen einhergeht und zum Tod führen kann, sie tritt bei rund 1 von 2000 Schwangerschaften auf.[18] Deutlich gesunken ist zum Glück die Müttersterblichkeitsrate. Noch vor hundert Jahren sind in Deutschland über 20 von 10.000 Gebärenden gestorben, heute ist es nur noch eine, in den USA 2,5.[19] In Bezug

16 Vgl. Kiera Butler (2017) »The Scary Truth about Childbirth« in: Mother Jones Jan/Feb 2017, https://www.motherjones.com/politics/2017/01/childbirth-injuries-prolapse-cesarean-section-natural-childbirth

17 Aarathi Prasad (2016) Like a Virgin, S. 131.

18 Aarathi Prasad (2016) Like a Virgin, S. 132, https://www.schwangerundkind.de/eklampsie.html

19 Zahlen aus dem Spiegel-Special Müttersterblichkeit, Ausgabe 55/2017, https://mobil.derstandard.at/2000035828978/Plattform-Mutternacht-Muettersterblichkeit-ist-kein-Schicksal, sowie Angaben zu USA aus Kiera Butler: »The Scary Truth about Childbirth« in: Mother Jones Jan/Feb 2017, https://www.motherjones.com/politics/2017/01/childbirth-injuries-prolapse-cesarean-section-natural-childbirth/

auf die Schwangerensterblichkeit zeigt sich zudem ein großes Gefälle nach sozialer Lage oder Weltregion: So ist in den USA die Todesrate bei der Geburt unter Schwarzen Frauen deutlich höher als unter *weißen*.[20] Weltweit sterben noch immer jedes Jahr 300.000 Frauen an Komplikationen während der Schwangerschaft, 99 Prozent davon leben in armen Ländern. In den ärmsten Regionen überlebt eine von 260 Schwangeren (das sind rund 40 von 10.000) die Geburt ihres Kindes nicht.

---

20 Laut Valeri-Siba Rousparast: »Unter weißen Kitteln«, Missy Magazine 02/2019, S. 47, sogar viermal so hoch.

Die Erfindung der Geschlechterdifferenz und die Entstehung des Patriarchats

Menschen, die schwanger werden können, werden seit prähistorischen Zeiten in den meisten menschlichen Kulturen benachteiligt und unterdrückt. Archäolog*innen können das ziemlich genau auf den Übergang zur Sesshaftigkeit vor ungefähr 10.000 Jahren datieren.[21] Seit rund 4.000 Jahren lässt sich das Patriarchat auch in seinen Dokumenten – Gesetzestexte, heilige Schriften und dergleichen – nachvollziehen. Patriarchat bedeutet unter anderem, dass Menschen, die selbst nicht schwanger werden können, die Schwangerschaften der anderen kontrollieren und reglementieren. Im Detail wurde das je nach Kultur, Region und Epoche sehr unterschiedlich ausgestaltet, seit dem 19. Jahrhundert hat sich allerdings in Folge von Kolonialismus und ökonomischer Ausbeutung das christlich-abendländische Modell zur weltweit vorherrschenden symbolischen Geschlechterordnung entwickelt. Demzufolge darf legitime Reproduktion nur in monogamen Paarbeziehungen zwischen einem ›Mann‹ und einer ›Frau‹ stattfinden, wobei der Mann die gesetzlich garantierte Verfügungsgewalt über Frau und Kinder hat. Fast überall auf der Welt werden Menschen, von denen man aufgrund ihrer Genitalien bei der Geburt vermutet, dass sie später einmal schwanger werden können, als ›Frauen‹ etikettiert und auf dieser Grundlage entrechtet, kontrolliert, bevormundet, der Kontrolle von ›Männern‹ unterworfen.

Das ist nur möglich, weil die Genitalien eines Babys die prinzipielle Fähigkeit zum Schwangerwerden mit einer sehr hohen Wahrscheinlichkeit vorhersagen lassen. Etwa 97 Prozent aller Menschen, die mit einer Vulva geboren werden, sind

21 Vgl. zuletzt Carel van Schaik, Kai Michel: Die Wahrheit über Eva. Die Erfindung der Ungleichheit von Frauen und Männern, Rowohlt 2020.

tatsächlich im Alter von 20 Jahren in der Lage, schwanger zu werden. Von denen, die mit Penis geboren werden, sind praktisch 100 Prozent niemals in ihrem Leben in der Lage, schwanger zu werden. Die Geschlechtszuweisung bei der Geburt ist keine sichere Diagnose, sondern lediglich eine Prognose, eine Wahrscheinlichkeitsbestimmung, aber mit einer recht hohen Trefferquote. Schon mit 32 Jahren allerdings können nur noch 92 Prozent der mit Vulva geborenen Menschen schwanger werden, mit 42 Jahren nur noch 68 Prozent,[22] und nach der Menopause keine mehr – wobei das eigentlich nicht ganz richtig ist, denn nicht die Fähigkeit zum Schwangerwerden schwindet mit dem Alter, sondern lediglich die Fähigkeit, eigene Eizellen hervorzubringen. Menschen mit Uterus können auch nach der Menopause in ihrer Gebärmutter Embryonen zur Reife bringen und gebären. Ohnehin ist Schwangerwerdenkönnen immer nur eine Potenzialität, denn ob jemand auch tatsächlich schwanger werden kann, beweist sich konkret erst in dem Moment, wo eine Schwangerschaft eingetreten ist.

Die Zuordnung zu einer festen, lebenslangen Geschlechtsidentität prägt und bestimmt in heteronormativen Gesellschaften das gesamte Leben von Individuen. Simone de Beauvoir hat in ihrem 1949 erschienenen Grundlagenwerk *Das andere Geschlecht* gezeigt, dass es dabei nicht einfach um eine Beschreibung körperlicher Unterschiede geht, sondern um eine symbolische Ordnung, die eine Hierarchie konstituiert: ›Männer‹ sind das Allgemeine, die Norm, das Aktive, das Herrschende, ›Frauen‹ das Partikulare, das Andere, das Passive, das Unterworfene.[23] Mit der Herausbildung dieser symbolischen Ordnung ging gleichzeitig eine Abwertung und Unsichtbarmachung der Kul-

22 Sabine Sütterlin: Ungewollte Kinderlosigkeit. Berlin-Institut für Bevölkerung und Entwicklung, März 2009, https://www.berlin-institut.org/online-handbuchdemografie/bevoelkerungsdynamik/auswirkungen/ungewollte-kinderlosigkeit.html

23 Simone de Beauvoir (1949) Le deuxième Sexe, Gallimard, Dt. Ausgabe: Das andere Geschlecht. Sitte und Sexus der Frau, dt. Ausgabe 1951, Rowohlt.

turarbeit des füreinander Sorgens einher, und es entstand ein binärer Dualismus, der nicht nur die Menschen selbst, sondern die gesamte Erscheinungswelt in Form von ›heterosexuellen Ehepaaren‹ beschreibt – von ›weiblichen‹ beziehungsweise ›männlichen‹ Kleidungsstilen und Accessoires bis hin zu geschlechtlich markierten Verhaltensweisen, Körperhaltungen, Eigenschaften und Themengebieten. Inzwischen werden selbst Bratwürste und Kugelschreiber in geschlechtsspezifischen Versionen vermarktet.[24]

Diese Geschlechterordnung ist aber nicht die einzige Möglichkeit, die reproduktive Differenz symbolisch zu fassen. Es gibt Kulturen, die aus ihr keine Unterscheidung zwischen ›Männern‹ und ›Frauen‹ ableiten, oder die mehr als zwei Geschlechter kennen, etwa die Hijras in Indien oder die Two-Spirits in den indigenen Gemeinschaften Nordamerikas. Die Soziologin Oyèrónkẹ́ Oyěwùmí hat das am Beispiel der Yoruba in Nigeria genauer erläutert:[25] Dort ist traditionellerweise nicht das Geschlecht, sondern das Alter das wichtigste Kriterium für die soziale Einordnung von Menschen. Für ›Frau‹ oder ›Mann‹ in unserem Sinn gibt es gar keine Wörter. Zwar existiert ein Begriff für Menschen mit Gebärmutter in der Lebensphase des Kindergebärens – *obinrin* –, aber er bezeichnet nicht das Wesen dieser Personen, sondern lediglich eine bestimmte Funktion, die auch nur in diesem Zusammenhang von Interesse ist. Die Menschen dort sind also auf eine Weise ›Frau‹, wie ich Journalistin bin oder Patentante – die Information ist zwar zutreffend, aber sie prägt nicht das gesamte Leben, sondern ist nur in einem konkreten Beziehungskontext überhaupt relevant. Die europäische Kolonisierung hatte für die nigerianischen *obinrin* fatale Folgen, weil sie nun plötzlich als ›Frauen‹ im europäischen

---

24 Vgl. Antje Schrupp: »Gegen den Geschlechterblödsinn« in Zeit Online, 3.3.2017, https://www.zeit.de/kultur/2017-03/gender-marketing-sexismus-negativ-preis-goldener-zaunpfahl-10nach8

25 Oyèrónkẹ́ Oyěwùmí (1997) The Invention of Women: Making an African Sense of Western Gender Discourses, University of Minnesota Press.

Sinn betrachtet wurden. Also nicht mehr bloß als Menschen mit Uterus, die sich gerade in der Phase ihres Lebens befinden, in der sie Kinder bekommen, sondern als eine besondere und zweitrangige Sorte Mensch, der bestimmte Wesenseigenschaften zugeschrieben werden und die prinzipiell keinen Zugang zu politischer Macht hat. In den europäischen Sprachen kann man über Menschen ja nicht einmal sprechen, ohne sie zuvor geschlechtlich einzuordnen. Die Unterschiede zwischen ›Frauen‹ und ›Männern‹ so sorgfältig wie nur möglich zu kultivieren, galt in kolonialer Logik sogar als das herausragende Merkmal von ›Zivilisation‹. Erst in jüngerer Zeit unternehmen Feminist*innen den Versuch, auch andere Möglichkeiten des Sprechens zu entwickeln, was nicht nur sehr emotionale Gegenreaktionen hervorruft, sondern interessanterweise auch als ›Gendern‹ wahrgenommen wird, während es doch in Wirklichkeit eher der Versuch des ›Ent-Genderns‹ ist, oder besser: der Versuch, auf eine nicht herrschaftsförmige Weise zu ›gendern‹.

All das heißt nicht, dass vorkoloniale Weisen, die menschliche Reproduktion sozial zu organisieren, generell weniger patriarchal gewesen wären. Bei den vorkolonialen Yoruba etwa mag es keine ›Männer‹ und ›Frauen‹ gegeben haben, Menschen, die schwanger werden können, waren aber trotzdem der Kontrolle von Menschen, die nicht schwanger werden können, unterworfen. Die *obinrin* hatten den niedrigsten sozialen Status, und der Skandal ihrer Unterdrückung wird nicht dadurch relativiert, dass in Yoruba-Gesellschaften Menschen mit Uterus nach der Menopause andere Möglichkeiten hatten als westliche Frauen. »Der Kern der Unterdrückung der Frau ist ihre Rolle als Gebärerin«, schrieb Shulamith Firestone in ihrem 1970 erschienenen feministischen Klassiker *The Dialectic of Sex*[26]. Und auch wenn die konkreten Ausformungen dessen, was ›Patriarchat‹ bedeutet, je nach Weltregion, je nach Jahrhundert unterschiedlich ausgesehen haben, so ist es unterm Strich doch immer so, dass

---

26 Shulamith Firestone (1970) Frauenbefreiung und sexuelle Revolution, S. 71.

Macht, Geld, Ressourcen und Einfluss bei Menschen zusammenlaufen, die nicht schwanger werden können.

Der Wechsel von ursprünglich egalitären hin zu patriarchal strukturierten Gesellschaften ist ein globales Phänomen. Aus archäologischen Knochenfunden ist nachweisbar, dass mit dem Übergang zur Sesshaftigkeit die Zahl der Geburten stark anstieg und Menschen, die geboren hatten, von nun an schlechter ernährt waren als andere. Über die Gründe wird spekuliert. Der Anthropologe Carel van Schaik und der Historiker Kai Michel führen den Umbruch auf das allmähliche Ausbleiben von Großwild zurück, das die uteruslosen Menschen einer wichtigen Quelle sozialer Reputation – ein großes Tier mit viel Fleisch gefangen zu haben – beraubt habe. Darauf hätten sie mit der Erfindung von spirituellen und religiösen Symbolen reagiert, die penisbesitzende Menschen als machtvolle Gottheiten feierten.[27] Die Biologin Meike Stoverock glaubt, die menschlichen ›Männchen‹ hätten mit der Erfindung patriarchaler Herrschaft das biologische Prinzip einer ›Female Choice‹ außer Kraft gesetzt: Während unter Säugetieren normalerweise die Weibchen entscheiden, mit welchem Männchen sie sich fortpflanzen, ermöglichte ihnen die Sesshaftigkeit, den Zugang zu Zeugungsmöglichkeiten quasi ›gerecht‹ auf alle Männer (auch die weniger beliebten) zu verteilen. Jedem Mann eine Frau – ein Prozess, der auf Kosten der weiblichen Freiheit ging.[28]

Dies sind aber nur zwei neuere Theorien. Die Frage, warum und weshalb das Patriarchat entstand, beschäftigt insbesondere Feministinnen schon lange. Simone de Beauvoir etwa glaubte, die ständige Abfolge von Schwangerschaften und Geburten hätte die Frauen kulturgeschichtlich den Männern gegenüber in einen Nachteil gebracht: Während Männer frei und unbehelligt von Sorgepflichten ihre Projekte in der Welt verfolgen konnten, seien Frauen durch ständige Schwangerschaften aus-

---

27 Carel van Schaik, Kai Michel (2020) Die Wahrheit über Eva, Rowohlt.
28 Meike Stoverock (2021) Female Choice. Vom Anfang und Ende der männlichen Situation, Tropen.

gebremst worden.[29] Die Historikerin Gerda Lerner stellte 1986 die Entstehung des Patriarchats als einen über viele Jahrhunderte dauernden Prozess dar, der die Unterwerfung der Frauen Schritt für Schritt verankert habe.[30] Wie für Beauvoir ist auch für Lerner die Aneignung der reproduktiven Fähigkeiten anderer der Dreh- und Angelpunkt patriarchaler Macht. Anders als Beauvoir sieht Lerner darin jedoch nicht eine zwangsläufige Folge der reproduktiven Differenz, sondern einen aktiven kulturellen Prozess, also die absichtsvolle Etablierung einer Herrschaft: Tatsächlich heißt ihr Buch im Original auch *The Creation of Patriarchy*, also dessen ›Erschaffung‹, und nicht wie in der deutschen Übersetzung seine ›Entstehung‹. Eine nochmal andere Interpretation hat Helke Sander vorgeschlagen. Für sie ist die Geschlechterungleichheit eine »unbeabsichtigte Nebenwirkung sozialer Folgen der Gebärfähigkeit und des Fellverlusts«[31]: Als die Vorfahren des Homo Sapiens vor 1,6 bis 1,2 Millionen Jahren ihr Fell verloren, konnten sich die Neugeborenen nicht mehr an ihre Mütter klammern, weshalb diese »einfach gezwungen [waren], ihre Hirne zu entwickeln, um zu überleben«, schreibt Sander. Die reproduktive Differenz hätte die Frauen also nicht kulturell behindert, sondern »Menstruierende, Schwangere und Frauen mit kleinen Kindern« hätten die menschliche Kulturentwicklung hin zur Sesshaftwerdung maßgeblich vorangebracht – allerdings mit dem tragischen Nebeneffekt, dass diejenigen Menschen, die nicht schwanger werden konnten, daraus einen praktischen Vorteil zogen, den sie nutzten.

Egal, wie es nun genau gewesen ist: Patriarchale Kulturen waren ab einem bestimmten Zeitpunkt in allen Weltregionen dominant. Gemeinsam ist ihnen, dass sie das Schwangerwerden reglementieren und damit auch diejenigen Personen, die es

29 Simone de Beauvoir (1949) Das andere Geschlecht. Sitte und Sexus der Frau, zit. nach der dt. Ausg. von 1986, rororo Sachbuch, S. 71.
30 Gerda Lerner (1986) The Creation of Patriarchy, Oxford University Press. Auf Deutsch: Die Entstehung des Patriarchats (1991) Campus.
31 Helke Sander (2017) Die Entstehung der Geschlechterhierarchie, Kindle-Position 90.

können. Sie weisen die Pflicht, sich um die Kinder zu kümmern, bestimmten Menschengruppen mit niedrigem sozialem Status zu – übrigens nicht immer den Gebärerinnen, sondern die konkrete Arbeit der Kinderversorgung kann auch Sklavinnen oder Ammen zufallen (fast immer sind es jedoch Menschen mit Uterus). Den Kern patriarchaler Herrschaftsverhältnisse bildet nicht die Verteilung der Care-Arbeit, sondern die rechtliche Beziehung zwischen Erwachsenen und Kindern: ›Patriarchat‹ bedeutet, dass die Entscheidungsmacht über Kinder nicht diejenigen haben, die sie zur Welt bringen, sondern, wie der Name schon sagt, ›Väter‹.

Ein wichtiger Meilenstein für die europäische Form des Patriarchats war das Römische Recht. Mit dem Gesetz ›Mater semper certa est‹ (Die Mutter ist immer sicher) verknüpfte es die Tatsache, ein Kind geboren zu haben, mit der sozialen Position und Verpflichtung der Mutterschaft. ›Mater semper certa est‹ formuliert nicht nur die banale Beobachtung, dass man weiß, wer ein Kind geboren hat – um dies festzustellen bräuchte man kein Gesetz. Sondern es verknüpft Biologie und Soziales: Die körperliche Tatsache, dass jeder Mensch von exakt und ausschließlich einer bestimmten anderen Person zur Welt gebracht wird, verschränkt sich mit einer sozialen Zuordnung: Diese Person erhält den sozialen Titel ›Mutter‹ und ist daher auf besondere Weise mit dem Kind verbunden. Welche Aufgaben und soziale Pflichten genau mit diesem Status der Mutterschaft einhergehen, hat sich im Lauf der Zeit immer wieder gewandelt und variiert von Kultur zu Kultur. Aber immer ist es mehr als die bloße Beschreibung des biologischen Phänomens der Geburt.

Anders als Mutterschaft wurde der soziale Status des Vaters im Römischen Recht explizit *nicht* an eine biologische Tatsache geknüpft, sondern an seinen Rechtsstatus gegenüber der Mutter: ›Pater est quem nuptiae demonstrant‹ – Vater ist, wer durch Heirat als solcher erwiesen ist. Dieser Satz stellt letztlich den Kern patriarchaler Familienkonstrukte dar, denn er installiert die Herrschaftsfigur des ›Pater familias‹, also einer Person, die selbst nicht schwanger werden und gebären kann, aber qua Rechtsstatut das Bestimmungsrecht über Personen, die geboren haben, und deren Kinder hat. Bis weit ins 20. Jahrhundert hinein wurde Vaterschaft in Europa unabhängig von einer etwaigen biologischen Verwandtschaft gedacht. Nicht nur, weil eine genetische Abstammungsbeziehung zwischen Männern und Kindern überhaupt erst seit den 1980er-Jahren zweifelsfrei nachgewiesen werden kann. Sondern, weil die monogame, heteronormative Ordnung anders gar nicht möglich gewesen wäre. Die soziale Vaterschaftskonstruktion qua Eheschließung stellte – später im Verein mit einer rigiden monogamen christlichen Sexualmoral, die sogar ein lebenslang verbindliches Eheprinzip verlangte – sicher, dass legitime Kinder tatsächlich nur in einem Mann-Frau-Paarkonstrukt geboren werden konnten: Kinder, die eine verheiratete Frau mit einem *anderen* Mann zeugte, waren dennoch rechtlich die ihres Ehemanns. Und verheiratete Männer, die Kinder mit Frauen zeugten, die nicht ihre Ehefrauen waren, hatten mit diesen Kindern sozial nichts zu tun.

Das heißt nicht, dass biologische Abstammung für Männer keine Rolle gespielt hätte – im Gegenteil, wie Christina von Braun in ihrem Buch *Blutsbande* nachweist. Zum Beispiel hatten Männer im Römischen Recht die Möglichkeit, weitere Söhne zu adoptieren, was einerseits ein Beweis für die soziale Konstruktion von Vaterschaft ist, andererseits aber häufig genutzt wurde, um außerehelich geborene biologische Kinder nachträglich zu legalisieren. Der Punkt in der römisch-christlichen Konstruktion von Fortpflanzung ist, dass Mutterschaft als *rein biologischer Automatismus* definiert wird, während Vaterschaft notwendigerweise sozial und rechtlich *beglaubigt* werden muss. Oder, in anderen Worten: Patriarchales Recht hat die Funktion, Männern die Wahl zu ermöglichen, für welche Kinder sie die Vaterschaft übernehmen möchten und für welche nicht. Ihren Höhepunkt erlebte diese Logik im französischen Code Civil von 1804, wo ›la recherche de la paternité‹, also die Erforschung der biologischen Vaterschaft, sogar verboten wurde. Zweck des

Gesetzes, das erst 1912 aufgehoben wurde, war es, Ansprüche von unehelichen Kindern (die die Französische Revolution im Erbrecht gleichgestellt hatte) und deren Müttern abzuwehren.[32]

Heute werden die Begriffe Vaterschaft und Mutterschaft häufig nur noch rein geschlechtsbezogen verstanden, so als handele es sich einfach um die männliche beziehungsweise weibliche Form von Elternschaft. Auch das spiegelt soziale Veränderungen: Die sozialen Rollen von Vätern und Müttern haben sich angeglichen, deshalb möchte man zwischen beiden inhaltlich gar nicht mehr unterscheiden. Gleichwohl ist es wichtig zu wissen, dass bis ins späte 20. Jahrhundert hinein Mutterschaft und Vaterschaft nicht in erster Linie Geschlechtsbezeichnungen gewesen sind, sondern Begriffe, in denen reproduktive Differenz, Geschlechterrollen, Gesetze, Ideologien und soziale Verhältnisse untrennbar miteinander verwoben waren.

32 Vgl. Arthur Curti (1934) Frankreichs Privat- und Handelsrecht: Erster Band – Personen-, Familien- und Erbrecht, S. 58.

Eine gewisse Opferbereitschaft: Der § 218 und seine Geschichte

Fast überall auf der Welt können Frauen nicht selbst darüber entscheiden, wann sie schwanger werden, ob sie schwanger bleiben und wie sie mit ihrer Schwangerschaft umgehen. Obwohl Schwangerschaften sich innerhalb des Körpers abspielen und damit dem Zugriff anderer eigentlich entzogen sind, lässt die über Jahrhunderte gefestigte symbolische Ordnung es als vollkommen *normal* erscheinen, wenn andere über den Körper schwangerer oder potenziell schwangerer Menschen entscheiden: der ›Vater‹, der als ›Erzeuger‹ des Embryos gilt, die Gesellschaft, die die Belange des ›ungeborenen Kindes‹ vertritt, das als eigenständiges Individuum gegenüber der Schwangeren konstruiert wird, Ärzt*innen, die für Expertentum und Rationalität stehen, schließlich Richter*innen, die all diese Interessen anderer gegenüber der Schwangeren vertreten, sowie der Staat, der über die Machtmittel verfügt, sie auch durchzusetzen.

Das geht so weit, dass Schwangeren und auch potenziell Schwangeren bestimmte Menschenrechte vorenthalten werden, insbesondere das Recht auf körperliche Selbstbestimmung, aber auch das auf materielle Absicherung, gesundheitliche Versorgung, soziale Teilhabe. Das reicht von Abtreibungsverboten auf der einen Seite bis hin zu Zwangsabtreibungen und Zwangssterilisationen auf der anderen. Im November 2021 starb in Polen eine 30-jährige Frau an einem septischen Schock, weil die Ärzte sich geweigert hatten, einen nicht überlebensfähigen Fötus aus ihrem Uterus zu entfernen. In der 22. Woche war bei ihr das Fruchtwasser viel zu früh abgegangen, doch statt sie medizinisch zu versorgen, wurde abgewartet, bis von dem Fötus keine Herztöne mehr zu hören waren. Grund dafür war ein neues Gesetz, das das polnische Verfassungsgericht 2020 verhängt hatte: Die Richter strichen damals die medizinische Indikation auch für schwerstfehlgebildete oder nicht überlebensfähige Föten. Deshalb, so argumentierten nun die Ärzte, hätten sie den Fötus nicht aus dem Uterus entfernen dürfen, solange er noch nicht ganz tot war. Der konservative Abgeordnete Marek Suski kommentierte das mit den Worten »Es kommt eben vor, dass Frauen bei der Geburt ihres Kindes sterben«[33] und lieferte damit ein anschauliches Beispiel für die symbolische Naturalisierung der Reproduktion. »Es kommt« ja schließlich »auch vor«, dass Menschen an Krebs oder Herzinfarkten sterben, aber niemand würde das als Begründung dafür akzeptieren, ihnen medizinische Hilfe zu versagen. Gesundheitsschädliche Folgen einer Schwangerschaft hingegen gelten bis hin zum Tod als ›normal‹ im Sinne von ›hinzunehmen‹.

Die in den vorigen Kapiteln beschriebene patriarchale Tradition hat dafür gesorgt, dass Hingabe und Aufopferung symbolisch als zum Wesen von Mutterschaft gehörig gelten. Auch das deutsche Bürgerliche Gesetzbuch verlangt von Schwangeren ausdrücklich eine gewisse Opferbereitschaft.[34] Auch in Deutschland werden Schwangeren notwendige medizinische Behandlungen versagt, wie die Journalistin Sibel Schick ungefähr einen Monat vor dem Tod der Frau in Polen erfahren musste:[35] Sie war ungewollt schwanger, konnte aber aufgrund der Gesetzeslage nicht sofort abtreiben, sondern musste die im § 218 vorgeschriebene dreitägige Frist abwarten. Während dieser Zeit wurde sie mit Atemnot ins Krankenhaus eingeliefert, dort aber nicht sachgemäß untersucht mit der Begründung, durch eine Strahlenuntersuchung werde das Kind gefährdet. Weder ihre Beteuerung, dass sie ohnehin abtreiben wolle, noch ihre ausdrückliche Bitte um Untersuchung zählten etwas. Später stellte sich heraus, dass sie eine Lungenembolie erlitten hatte, was bei Schwangerschaften gar

---

33 https://www.derstandard.at/story/2000130939801/proteste-gegen-abtreibungsgesetz-nach-tod-von-schwangerer-in-polen

34 Im § 219 heißt es, dass eine Abtreibung nur »in Betracht kommen kann, wenn der Frau durch das Austragen des Kindes eine Belastung erwächst, die so schwer und außergewöhnlich ist, daß sie die zumutbare Opfergrenze übersteigt« (www.gesetze-im-internet.de/stgb/__219.html).

35 https://www.facebook.com/sibelnedemis/posts/4356035944473520

nicht so selten ist und bei nicht sachgerechter Behandlung zum Tod führen kann. »Was ist das für eine Welt«, fragt Schick, »in der selbst Mediziner*innen eine Schwangerschaft, die mit großen Risiken verbunden ist, nicht als medizinischen Zustand bewerten und mit dem Menschenleben spielen?«[36] Tatsächlich hat man ihr ja nicht nur die medizinische Versorgung verweigert. Der Staat hat sie womöglich überhaupt erst in Lebensgefahr gebracht, denn wenn sie unmittelbar nach dem Schwangerschaftstest wie gewünscht abgetrieben hätte, wäre sie vermutlich gar nicht erkrankt.

Dass Schwangere oder auch potenziell Schwangere nicht sachgemäß medizinisch versorgt werden, ist Standard in unserer Kultur. Auch ich selbst war nicht darauf vorbereitet, als ich vor einigen Jahren eine Hysterektomie hatte, eine Entfernung des Uterus also. Grund für die eilige Operation war ein sehr großer unklassifizierbarer Tumor in meinem Bauchraum, der sich hinterher zum Glück als gutartig herausstellte. Am Tag meiner Aufnahme ins Krankenhaus bestand die Ärztin darauf, vorab noch einen Schwangerschaftstest zu machen – falls ich schwanger wäre, könne die Operation nicht stattfinden, wurde mir mitgeteilt. Dass ich definitiv kein Kind wollte, zählte nicht. Im Fall einer Schwangerschaft hätte man mich also gezwungen, mit einem möglicherweise bösartigen Tumor im Bauch zu leben (oder im Zweifelsfall daran zu sterben). Hinter all diesen Beispielen steckt dieselbe Logik: Schwangere müssen bereit sein, ihren Körper und ihre Gesundheit zum Zweck der Hervorbringung anderer Menschen aufs Spiel zu setzen. Sie sind, wie es der US-amerikanische Politiker José Oliva 2019 in einem Hearing zu Abtreibung mehrfach betonte, »host bodies«[37]. Ihr Leben ist kein Zweck an sich, sondern Mittel zum Zweck für andere.

---

36 Vgl. dazu auch Sibel Schick: Ein Wort über ungewollte Schwangerschaften, Neues Deutschland, 27.10.2021, https://www.nd-aktuell.de/artikel/1158034.schwangerschaftsabbrueche-ein-wort-ueber-ungewollte-schwangerschaften.html

37 https://www.cltampa.com/news-views/politics/article/21049391/florida-republican-called-pregnant-women-host-bodies-fives-times-while-discussing-antiabortion-bill

Man könnte meinen, das würde wenigstens bedeuten, dass Schwangere gut versorgt werden. Aber weit gefehlt. Während der Corona-Pandemie gehörten Schwangere zu den Letzten, die Zugang zu Impfstoffen bekamen. Erst im September 2021, als alle anderen Erwachsenen längst geimpft waren, hat die Ständige Impfkommission (Stiko) auch für Schwangere eine Impfung empfohlen.[38] In Großbritannien waren im Oktober 2021 ein Fünftel aller schwer an Covid Erkrankten auf den Intensivstationen ungeimpfte schwangere Frauen.[39] Was unter Corona zumindest von Feministinnen skandalisiert wurde, folgt einem Muster, wie die britische Journalistin Caroline Criado-Perez gezeigt hat: Schwangere werden von den meisten medizinischen Forschungen zunächst ausgeschlossen, was im Ergebnis dazu führt, dass sie ungetestete Impfstoffe und Medikamente nehmen.[40] Die Journalistin Teresa Bücker hat im September 2021 beschrieben, wie das lange Zögern der Stiko und die kaum vorhandene Kommunikation nicht nur bei Schwangeren selbst, sondern auch bei Ärzt*innen und Hebammen Unsicherheiten aufkommen ließen, weshalb die Impfung häufig verweigert wurde.[41] Dabei lagen schon recht früh in der Pandemie Hinweise darauf vor, dass Schwangere ein erhöhtes Risiko für einen schweren Verlauf einer Covid-19-Infektion haben. Die österreichische Internistin Lisa Hütter nennt das

38 https://www.tagesschau.de/inland/stiko-schwangere-corona-101.html

39 https://www.nytimes.com/2021/10/11/world/pregnant-women-covid-vaccine.html

40 Caroline Criado-Perez: »Don't blame pregnant Women for not getting the Covid-19 vaccine«, in: The Sunday Times, 28.8.2021, https://www.thetimes.co.uk/article/dont-blame-pregnant-women-for-not-getting-the-covid-19-vaccine-0837dbbg8 (abgerufen 29.8.2021). Vgl. auch ihr Buch Caroline Criado-Perez (2020) Unsichtbare Frauen. Wie eine von Männern gemachte Welt die Hälfte der Bevölkerung ignoriert, btb.

41 Teresa Bücker: Newsletter »Zwischenzeit_en« vom 26.9.2021, https://steadyhq.com/de/teresabuecker/posts/018f4231-b375-42a8-89db-e595a6dbc621

Prinzip im Interview mit Bücker »Protected to death«: Während der Ebola-Epidemie 2013 bis 2016 in Westafrika seien neun von zehn infizierten Schwangeren gestorben, und trotzdem hätten sich die Behörden geweigert, Schwangere in die Impfzulassungsstudien aufzunehmen mit der Begründung, man könne ja nicht wissen, wie sich der Impfstoff auf die Föten auswirken würde. Die Frauen seien also dem fast sicheren Ebola-Tod überlassen worden, nur um sie in einer Studie nicht zu ›gefährden‹, wie Hütter kritisiert:

> »Die Verantwortlichen argumentieren gerne mit ›Ethik‹ und dem ›Schutz des ungeborenen Lebens‹. In Wahrheit schützen sie damit die Interessen der Pharmaindustrie. Für die würden Zulassungsstudien nämlich aufwendiger, wenn sie Frauen mit Zyklus oder gar Schwangere aufnehmen müssten. Sie testen lieber an weniger ›komplizierten‹ Menschen.«

»Wenn Männer schwanger werden könnten, wäre Abtreibung ein Sakrament« – so lautet ein alter Spruch der Frauenbewegung (den Florynce Kennedy und Gloria Steinem offenbar von einer alten irischen Taxifahrerin hatten[42]). Er ist zwar in seiner eindimensionalen Verknüpfung von Nicht-Schwangerwerdenkönnen und Männlichkeit simplifizierend. Trotzdem trifft er in einer Hinsicht den Nagel auf den Kopf: Ohne den Ausschluss von Menschen mit Uterus aus der gemeinsamen Welt der Menschen wäre die Art und Weise, wie patriarchale Gesellschaften den (potenziell) schwangeren Körper kontrollieren und reglementieren, niemals denkbar gewesen. Noch immer sind in Deutschland die Paragrafen 218 (Freiheitsstrafe bis zu drei Jahren für einen Schwangerschaftsabbruch, bis zu einem Jahr für die Schwangere selbst[43]), 219 (Zwang zu einer Beratung, die versuchen soll, die Schwangere von der Abtreibung abzubringen) und 219a (Informationsverbot für Ärzt*innen) Gesetz, allerdings hat die

---

42 https://thehumanist.com/september-october-2012/the-humanist-interview-with-gloria-steinem

43 https://www.gesetze-im-internet.de/stgb/__218.html

im Dezember 2021 ins Amt gekommene neue Bundesregierung verabredet, zumindest den 219a zu streichen.

Der Paragraf 218 ist 1871 bei der deutschen Reichsgründung unter dieser Nummerierung ins Strafgesetzbuch eingefügt worden. Abtreibung war aber in verschiedenen Teilen Deutschlands schon seit dem 16. Jahrhundert verboten; vorher hatte es dazu keine Regelungen gegeben. Der Paragraf 218 sah als Höchststrafe fünf Jahre Gefängnis (mindestens aber sechs Monate) für Schwangere und zehn Jahre für kommerzielle Helfer*innen vor. In Bezug auf die Strafhöhe war das in den meisten Ländern eine Verbesserung zu den Regelungen zuvor, die noch viel drastischere Strafen vorgesehen hatten. Es war aber – und das ist entscheidend – eine große Verschlechterung in Hinblick auf die Substanz: Denn von nun an galt das Abtreibungsverbot ab der Einnistung des Embryos in der Gebärmutter und nicht mehr erst nach dessen ›Beseelung‹, die nach traditioneller katholischer Auffassung bei männlichen Föten auf den 40., bei weiblichen auf den 80. Tag nach Verschmelzung der Keimzellen datiert wurde. Naturwissenschaftler hatten darauf gedrängt, sich von diesem alten Aberglauben zu lösen, denn so etwas wie eine Beseelung des Embryos ließ sich mit wissenschaftlichen Methoden schließlich nicht nachweisen.[44]

Nach dem Ersten Weltkrieg 1918 sollte mit der konservativ-patriarchalen Logik des 19. Jahrhunderts gebrochen werden. Die Regierung der Weimarer Republik änderte zahlreiche Gesetze des alten Kaiserreichs und führte sogar das Wahlrecht für Frauen ein. Aber auf eine Reform des Paragrafen 218 konnten sich die regierenden Parteien SPD, Zentrum und DDP nicht einigen. Auch die Frauenverbände waren in dieser Frage damals gespalten.[45] So kam es 1926 lediglich zu einer Mini-Reform,

---

44 Dirk von Behren: »Kurze Geschichte des Paragrafen 2018«, Bundeszentrale für politische Bildung, 10.5.2019, https://www.bpb.de/apuz/290795/kurze-geschichte-des-paragrafen-218-strafgesetzbuch

45 Vgl. Kerstin Wolff: »Abtreibungsgesetze: 150 Jahre § 218«, in: Emma, 12.5.2021, https://www.emma.de/artikel/150-jahre-ss-218-338579

die für Schwangere eine Strafminderung brachte. Allerdings gab es schon damals Massenproteste und Demonstrationen gegen das Abtreibungsverbot, die sich meist an einzelnen Verurteilungen entzündeten. 1930 gab es auch die erste Selbstbezichtigungskampagne »Ich habe abgetrieben« oder – für solidarische Ärzt*innen und Prominente – »Ich habe einer Frau geholfen«.[46]

Mit dem Machtantritt der Nationalsozialisten 1933 trat die Frage des Lebensschutzes hinter rassistische und bevölkerungspolitische Aspekte zurück. Noch im selben Jahr wurde die medizinische, eugenische und rassistische Indikation eingeführt, Abtreibungen waren nun nicht mehr prinzipiell verboten, sondern nur noch für ›arische‹ und ›gesunde‹ Kinder, während als ›unwert‹ eingestuftes Leben zu jedem Zeitpunkt getötet werden sollte, sei es vor oder nach der Geburt.[47] Auch das Werbeverbot im § 219a wurde damals eingeführt. 1935 folgten die sogenannten ›Nürnberger Rassegesetze‹, die den »Schutz des deutschen Blutes und der deutschen Ehre« zum Ziel hatten und Geschlechtsverkehr, also die gemeinsame Zeugung von Kindern, zwischen jüdischen und nicht-jüdischen Menschen mit Zuchthaus bedrohten. Von 1943 an wurde gewerbliche Abtreibung, wenn sie »die Lebenskraft des Volkes geschädigt hat«, mit Todesstrafe bedroht.

Nach dem Zweiten Weltkrieg gab es in Deutschland kriegsbedingt einen großen Frauenüberschuss – auf 100 Männer kamen über 130 Frauen. Die Ehe hatte ihre Bedeutung als einzig relevanter Ort der Reproduktion eingebüßt: 20 Prozent der Kinder wurden außerehelich geboren, entweder von Single-Müttern oder von Frauen, die in Lebensgemeinschaften mit anderen Frauen lebten, sei es als lesbische romantische Partner-

---

46 Jasmin Lörchner: »Nieder mit dem Abtreibungsparagraphen«, in Spiegel Online, 3.1.2022.

47 Sabine Berghahn: »Die Geschichte von § 218 bis 1945«, Vortrag am 27.8.2021 beim Kongress 150 Jahre § 218. Nachzuschauen unter https://www.150jahre218.de

schaften oder einfach als Wohngemeinschaften. Die politischen Regelungen sowohl in der DDR als auch in der BRD nach dem Krieg sind auch als Reaktion auf diese bevölkerungspolitischen Gegebenheiten zu verstehen.[48]

Obwohl die Abschaffung des § 218 eine alte Forderung der kommunistischen Partei war, blieb er in der DDR bestehen, wurde zunächst allerdings ausdrücklich nicht angewendet. Angesichts von Nachkriegs-Hunger und sozialer Not sei es verständlich, wenn Frauen jetzt keine Kinder gebären wollen, hieß es zur Begründung. Aber diese liberale Praxis war als Übergangsphase gedacht und kein Bekenntnis zur körperlichen Selbstbestimmung von Schwangeren. Vielmehr sollte der sozialen Indikation durch staatliche Leistungen der Boden entzogen werden. Wenn es keine soziale Not mehr gäbe, wäre ja keine Frau mehr zu einer Abtreibung gezwungen. Oder andersrum: Da der 218 nach kommunistischer Interpretation ein ›Klassenparagraf‹ war, der vor allem armen Frauen Lasten aufbürdete, stellte seine Existenz im Sozialismus, wo es ja keine ›Klassen‹ mehr gibt, auch kein Problem mehr dar. Reproduktive Selbstbestimmung für (potenziell) Schwangere spielte in dieser Debatte keine Rolle, stattdessen verfolgte die DDR-Regierung eine pro-natalistische Politik. 1950 wurde das »Gesetz über Mutter- und Kinderschutz und die Rechte der Frau« verabschiedet, das die Möglichkeit zur Abtreibung weiter einschränkte: Sie war nun nur noch bei medizinischer und eugenischer Indikation erlaubt, nicht mehr bei sozialer. Gleichzeitig wurde die staatliche Kinderbetreuung massiv ausgebaut und gesundheitliche Betreuung für Mütter angeboten. Eine Kommission musste Abtreibungen genehmigen. Zu dieser Zeit sind viele ungewollt Schwangere aus der DDR nach Polen gefahren, wo die Gesetzeslage damals liberaler war.

Die Debatte über Frauen- und Familienfragen war nach dem Krieg auch in der DDR stark mit traditionellen Geschlechter-

48 Bei der folgenden historischen Darstellung folge ich Daphne Hahn (Hochschule Fulda) im Gespräch mit Dagmar Herzog (City University of New York) beim Kongress 150 Jahre § 218, 27.8.2021.

rollen verbunden. Reproduktionsarbeit galt als Frauensache, die Emanzipation mit dem Zugang zur Erwerbsarbeit als eingelöst. In Bezug auf Abtreibung enthielt das neue Gesetzbuch ab 1965 Möglichkeiten der medizinischen, sozialen und embryopathischen – also mit Fehlbildungen des Embryos begründeten – Indikation. Die deutlich liberaleren Regelungen anderer Ostblock-Länder, neben Polen auch Bulgarien oder Ungarn, wurden nicht übernommen mit dem Argument, dass dann die Bevölkerungsentwicklung nicht mehr kontrolliert werden könne. Als im Dezember 1971 schließlich doch eine Fristenlösung beschlossen wurde (das Gesetz trat im März 1972 in Kraft), kam das auch für die Frauen in der DDR selbst unerwartet. Die Entscheidung hatte wohl vor allem außenpolitische Gründe: Gegenüber den anderen, liberaleren Ländern wollte die DDR nicht ins politische Abseits gerückt werden, außerdem war es eine gute Gelegenheit, sich in der System-Konkurrenz zur BRD zu behaupten, wo das Thema – die Selbstbezichtigungskampagne »Wir haben abgetrieben« lief im Sommer 1971 – gerade in den Schlagzeilen war. Das bevölkerungspolitische Ziel, die Geburtenrate zu steigern, blieb aber weiterhin erhalten, und es wurde in der DDR in den 1970ern und 1980ern mit sozialpolitischen Maßnahmen, vor allem auch finanzieller Unterstützung für Eltern, weiter verfolgt.

In der BRD wurden zwar die von den Nationalsozialisten eingeführten Verschärfungen des § 218 sowie die rassistischen und eugenischen Indikationen aufgehoben, nicht aber das Werbeverbot im § 219a.[49] Von Anfang an haben konservativ-bürgerliche und katholische Kräfte das Thema Schwangerschaftsabbruch als Systemkonkurrenz gegen ›links‹ benutzt. Hinweise der SPD auf die wirtschaftliche Not von Arbeiterinnen und Flüchtlingen konterten sie mit dem Vorwurf, die Linken hätten keine Familienwerte. Sexuelle Selbstbestimmung wurde in konservativer Stimmungsmache direkt mit Themen wie Geschlech-

49 Sabine Berghahn: Die Geschichte von § 218 bis 1945, Vortrag am 27.8.2021 beim Kongress 150 Jahre § 218, a.a.O.

terordnung, Ernährermodell, Sexualmoral, Mutterschaft und dergleichen verknüpft, Abtreibung als Mord dargestellt. Frauen, die keine Kinder wollten, attestierte man Feigheit und Egoismus. Schon in den späteren 1940er-Jahren wird das auch mit dem bevölkerungspolitischen Argument flankiert, das ›deutsche Volk‹ müsse sich vermehren und verjüngen. Ebenfalls sehr früh wird Abtreibung mit Auschwitz verglichen, und zwar nicht nur von reaktionär-konservativen Personen, sondern auch von eigentlich eher fortschrittlichen Katholiken.[50] Dieser Feldzug umfasste viel mehr als nur ein Verbot der Abtreibung. Werbung für Verhütungsmittel und der offene Verkauf von Kondomen wurden verboten, uneheliche Schwangerschaften moralisch stigmatisiert. In der Folge schoss die Zahl der Früh- und Muss-Ehen in die Höhe: Ende der 1950er-Jahre war in der BRD jede dritte bis die Hälfte der Frauen bei der Heirat schwanger. Zu einer Senkung der Abtreibungszahlen führte das alles nicht: Anfang der 1960er-Jahre wurden in der BRD schätzungsweise eine Million Abtreibungen pro Jahr vorgenommen, ebenso viele wie Geburten.[51] Das änderte sich erst ab Ende der 1960er-Jahre mit der Zugänglichkeit der Pille.

Das gesellschaftliche Aufbegehren gegen die repressive Sexualideologie ging in den 1960ern zunächst von liberalen Männern aus. Unmittelbarer Auslöser war ein 1962 eingebrachter Strafrechtsentwurf gegen Pornografie und Homosexualität, der unter anderem vorsah, Ehebruch zu kriminalisieren. Der Entwurf löste eine starke Gegenbewegung aus, und die gesellschaftliche Stimmungslage kippte.[52] 1971 brachte die von Alice

50 So schrieb etwa der Publizist Walter Dierks 1946: »Abtreibung ist die Linie des geringsten Widerstandes, die Kapitulation, die Tötung menschlichen Lebens ist Mord, in den Fußstapfen der SS-Ärzte«, vgl. Daphne Hahn im Gespräch mit Dagmar Herzog, a.a.O.

51 Dagmar Herzog: »Schwangerschaftsabbruch, Behinderung, Christentum: Die Ambivalenzen der sexuellen Revolution in Westeuropa«, in: Ulrike Busch, Daphne Hahn. Hg. (2014) Abtreibung: Diskurse und Tendenzen, Transkript, S. 126.

52 Vgl. u.a. Richard Schmid: Der Strafgesetzentwurf 1962 – Reform

Schwarzer und anderen angeregte Selbstbestimmungskampagne zum 218 auch das Thema Abtreibung in den Fokus der Aufmerksamkeit. Schon damals waren SPD und FDP für eine Fristenlösung. Die sofort wieder einsetzende katholische Mord-Rhetorik stieß diesmal auch auf den Widerspruch prominenter Theologen, die christliche Front in dieser Frage bröckelte. Auch die großen Medienhäuser argumentieren tendenziell für eine Liberalisierung des Abtreibungsrechts. 1974 verabschiedete der Bundestag schließlich eine Fristenlösung, die Schwangerschaftsabbrüche in den ersten zwölf Wochen erlaubte. Doch das Bundesverfassungsgericht erklärte die Reform 1975 für verfassungswidrig.[53] Daraufhin beschloss der Bundestag eine Indikationslösung: Schwangerschaftsabbrüche waren nun rechtmäßig, wenn es eine medizinische oder soziale Notlage gab, sowie nach einer Vergewaltigung oder wenn ein behindertes Kind erwartet wurde. Dieser Kompromiss war politisch gesehen zwiespältig. Einerseits blieb die Illegalität einer Abtreibung in den ersten zwölf Wochen weiter zementiert. Doch da die akute Notlage von Schwangeren nun faktisch wegfiel – wer wollte, konnte, wenn auch mit Hürden, an eine Abtreibung kommen –, erlosch aus der Sicht vieler Frauen die Dringlichkeit des Themas.

Nach der Wiedervereinigung musste die Rechtslage zwischen der DDR und der BRD auch in Punkto Abtreibung angeglichen werden. Schnell wurde klar, dass der Einsatz für reproduktive Selbstbestimmung auf der Strecke bleiben würde. Schon im Einigungsvertrag von 1990 wurde der »Schutz des ungeborenen Lebens« als Ziel festgelegt. 1992 beschloss der Bundestag eine Beratungslösung: Abtreibungen sollten in den ersten zwölf Wochen erlaubt sein, wenn die Schwangere sich »im Sinne des Lebensschutzes« beraten lässt. Verhütungsmittel waren nicht

---

oder Rückschritt? In: Gewerkschaftliche Monatshefte 11/1963, http://library.fes.de/gmh/main/pdf-files/gmh/1963/1963-11-a-670.pdf

53 Urteil vom 25.02.1975, Az. 1 BvF 1/74 u. a. Vgl. zum Thema auch Sabine Berghahn: »Weichenstellungen in Karlsruhe – Die deutsche Reform des Abtreibungsrechts«, in: Ulrike Busch, Daphne Hahn, Hg. (2014), Abtreibung: Diskurse und Tendenzen, Transkript.

mehr, wie in der DDR, kostenlos.[54] Auch diese Reform stoppte 1993 das Bundesverfassungsgericht.[55] Abbrüche nach der Beratungslösung durften zwar »straflos« bleiben, mussten aber formal als »rechtswidrig« eingestuft werden, so die Karlsruher Vorgabe. Dieses Urteil war fatal, weil es die grundsätzliche Rechtspflicht der Schwangeren, den Embryo auszutragen, festschrieb und klarstellte, dass eine Straffreiheit von Abtreibungen ohne Indikation prinzipiell verfassungswidrig sei.[56]

54 Daphne Hahn (Hochschule Fulda) im Gespräch mit Dagmar Herzog (City University of New York) beim Kongress 150 Jahre § 218, 27.8.2021. Nachzuschauen unter https://www.150jahre218.de.

55 Urteil vom 28.05.1993, Az. 2 BvF 2/90 u. a.

56 Vgl. zum Thema auch Annett Gröschner: »Gleich hinter Mord und Totschlag«, Zeit-Online, 31.8.2021, https://www.zeit.de/kultur/2021-08/schwangerschaftsabbruch-strafgesetzbuch-deutschland-frauenrechte-paragraf-218-150-jahre/komplettansicht

Reproduktive Gerechtigkeit: Was in der Debatte fehlt

Reproduktive Freiheit und Gerechtigkeit kann es nur geben, wenn Schwangere Zugang zu sicheren und legalen Abtreibungsmöglichkeiten haben, darüber sind sich linke und feministische Bewegungen heute einig.[57] Ihre traditionellen Argumentationen gegen Abtreibungsverbote haben allerdings zwei Schwachpunkte. Der erste liegt in der starken Fokussierung auf die sozialen Nöte der ungewollt Schwangeren. Wenn die Notwendigkeit, sichere Abtreibungsmöglichkeiten zu schaffen, mit der schwierigen Lage der betroffenen Frauen begründet wird, dann kann das – wie in der DDR – in dem Moment ein Problem werden, wo sich die soziale Lage bessert. Im Prinzip bekräftigt diese Argumentation die Auffassung, dass Abtreibungen *eigentlich* nicht vorkommen sollten, nur dass man bei unterprivilegierten Frauen aus Menschenfreundlichkeit mal ein Auge zudrückt. Das ähnelt stark der evangelischen Position, die zwar einerseits die grundsätzliche Verurteilung von Abtreibung mit der katholischen Kirche teilt, bei der Umsetzung aber bereit ist, die konkrete Situation zu berücksichtigen, oder wie es die EKD-Vorsitzende Annette Kurschus Ende 2021 im Interview mit der FAZ formulierte: »In aller eindeutigen Option für das Leben geht es darum, auch existenzielle Konflikte, die im Leben entstehen, ernst zu nehmen.«[58]

Was aber, wenn es sich bei Frauen, die abtreiben, gar nicht um Opfer in Notlagen handelt? Wenn Schwangere sich gegen das Austragen eines Kindes entscheiden, weil sie das so wollen? Weil sie es in ihrer Situation für das Vernünftigste halten? Die

57 Vgl. dazu auch Erica Millar (2017) Happy Abortions. Mein Bauch gehört mir – noch lange nicht, Wagenbach.

58 »Ich sehe keinen Grund, das Wort Gott zu gendern«, Interview von Annette Kurschus mit Reinhard Bingener, FAZ, 21.11.2021, https://www.faz.net/aktuell/politik/inland/interview-mit-der-neuen-ekd-ratsvorsitzenden-annette-kurschus-17642848.html

Pathologisierung von Frauen ist ein alter Trick, wenn es darum geht, widerstreitende moralische Anforderungen zwischen hehren Prinzipien und den pragmatischen Anforderungen in der Realität zusammenzuhalten. Ein anderes Beispiel dafür ist die 1995 erfolgte Abschaffung der embryopathischen Indikation im Paragraf 218. Seither ist es zwar nicht mehr erlaubt, eine Abtreibung mit einer befürchteten Fehlbildung des Fötus zu begründen.[59] Das führte allerdings nicht dazu, dass solche Abtreibungen nicht mehr stattfinden, sondern hatte nur zu Folge, dass sie anders begründet werden, nämlich eben mit der »Not« der ungewollt Schwangeren: Sie müssen nun nachweisen, dass sie unter einem behinderten Kind so stark leiden würden, dass ihnen nicht zugemutet werden kann, es zu gebären.

Die traditionelle feministische Argumentation betont zwar unter dem Motto »Mein Bauch gehört mir« den aktiven, selbstbestimmten Aspekt, wählt aber mit der Forderung nach einem »Recht auf Abtreibung« ebenfalls ein problematisches Framing. Abtreibung als »Recht« einzufordern, stellt es in eine Reihe mit anderen gleichstellungspolitischen Errungenschaften, zum Beispiel mit dem Recht auf Wählen, Erwerbsarbeit, Studium und so weiter. Eine Abtreibung ist aber nichts Erstrebenswertes, worauf man ein Recht reklamieren möchte: Wir reklamieren ja auch nicht das Recht auf eine Beinamputation oder eine Chemotherapie. Aus der Perspektive der ungewollt Schwangeren ist Abtreibung kein Recht, sondern manchmal schlicht eine Notwendigkeit. Diese Differenzierung mag vielleicht kleinkariert wirken, ich halte sie aber für wichtig: Denn im Unterschied zu Bürgerrechten sind Abtreibungsmöglichkeiten nichts, was der Staat zunächst einmal zur Verfügung stellen müsste. Wenn Frauen kein Wahlrecht haben, können sie auch nicht wählen. Wenn es hingegen keine legalen Abtreibungsmöglichkeiten gibt, treiben ungewollt Schwangere dennoch ab,

59 Vgl. dazu Kirsten Achtelik: »Feministische Leerstelle. Über pränatale Tests sprechen Pro-Choice Feministinnen ungern«, in Jungle World, 24.3.2021, https://jungle.world/artikel/2021/12/feministische-leerstelle

nur eben unter schwierigeren Umständen. Schon in der Antike zirkulierten Anleitungen dafür, wie Abtreibungen vorgenommen werden. Die Möglichkeit, eine Schwangerschaft zu beenden, ist immer gegeben. Sie wird nicht erst vom Staat gewährt, sondern höchstens unrechtmäßigerweise vorenthalten.

Ein anderer problematischer Aspekt der traditionellen feministischen Argumentation ist das Herunterspielen der ethischen Herausforderung. Wenn zuweilen von Embryonen als ›Zellhaufen‹ gesprochen wird, ist das zwar eine biologisch zutreffende Beschreibung des Sachverhalts, entspricht aber nicht der Wahrnehmung und Eigendefinition vieler Schwangerer, die in Embryonen durchaus eine Form menschlichen Lebens sehen. Genau betrachtet ist auch dieses Argument eine strukturelle Bestätigung der alten symbolischen Ordnung, die den Schwangeren selbst die moralische Befähigung und Berechtigung zur Entscheidung abspricht: Wenn Abtreibung per se legitim ist, weil es sich nur um ein Zellhäuflein handelt, das aus dem Uterus entfernt wird, ist mit der Entscheidung dafür oder dagegen in einer konkreten Situation überhaupt keine moralische Frage verbunden. Wenn eine Abtreibung so banal ist wie ein Haarschnitt, braucht es auch niemanden, der die Lage verantwortlich zu beurteilen und ethisch zu entscheiden hätte.

Die traditionellen linken und feministischen Argumentationsmuster rechtfertigen und verteidigen letzten Endes Schwangere, die abtreiben, gegen den Vorwurf, ungeborene Kinder zu töten: die einen, indem sie auf eine Zwangslage aufmerksam machen, die anderen, indem sie erklären, dass Abtreibung gar nichts Schlimmes sei. Angesichts der massiven Angriffe und Vorwürfe der rechtskonservativen Anti-Abtreibungs-Front ist diese Verteidigungshaltung natürlich nachvollziehbar und vielleicht auch politisch sinnvoll gewesen. Für eine feministische Ethik der Reproduktion sind die Argumente jedoch nicht brauchbar. Denn dabei kommt es darauf an, das Selbstbestimmungsrecht von Schwangeren als freie Subjekte ethischen Urteilens zu stärken, also ihre Position als maßgebliche Entscheidungsinstanz zu bekräftigen. Es geht genau *nicht* darum, allgemeinverbindliche ethische Regeln für den Fall einer ungewollten Schwangerschaft aufzustellen und universal gültige Interpretationen für diese Situation zu finden. Sondern darum, ein Bewusstsein dafür zu wecken, dass es allgemeingültige Interpretationen in dieser Frage nicht geben kann: Wenn eine Schwangere in einem Embryo ihr zukünftiges Kind erkennt, ist das genauso wahr und legitim, wie wenn eine andere darin einen Zellhaufen sieht. Dass die eine sich trotz Armut und fehlender sozialer Unterstützung dafür entscheidet, einen ungeplant entstandenen Embryo zur Reife zu bringen und zu gebären, ist ganz genauso okay, wie wenn eine andere beschließt, das nicht zu tun, obwohl ihre Lebensumstände vielleicht sogar ›objektiv‹ besser wären. Eine Schwangerschaft ist etwas Persönliches, das sich im Inneren des eigenen Körpers abspielt, und niemand darf über den Körper einer anderen Person verfügen. Dies ist der moralische Maßstab, an dem entlang Maßnahmen bewertet werden müssen. Der entscheidende Punkt bei Kämpfen für reproduktive Freiheit ist nicht, aus einer universalistischen Perspektive heraus die Legitimität von Abtreibungen zu begründen. Sondern man muss den Spieß umdrehen und deutlich machen, *warum es unmoralisch und unethisch ist, wenn Dritte oder die Gesellschaft per Gesetz und Strafandrohung über den Körper von Schwangeren entscheiden wollen.*

Derzeit hat die politische Auseinandersetzung um das Thema wieder an Fahrt aufgenommen. Dabei hatte es im ersten Jahrzehnt nach 1995 kaum noch Debatten über den § 218 gegeben. Das damalige Urteil des Bundesverfassungsgerichtes wurde wenig kritisch rezipiert, diskutiert wurde nur über Detailfragen wie Lohnfortzahlung, Finanzierung, den verfassungsrechtlichen Schutz des Embryos, aber nicht über die prinzipielle Tatsache, dass der 218 als Straftatbestand weiterbesteht. Doch seit rechtskonservative Bewegungen das Thema wieder auf die politische Agenda katapultiert haben, gewinnt es an Brisanz. Viele jüngere Frauen, die die Debatten des 20. Jahrhunderts nicht selbst erlebt haben, politisieren sich. Eine Streichung des

219a, wie sie die neue Bundesregierung bereits angekündigt hat, wird ihnen nicht genügen. Trotz der weiterhin problematischen Gesetzeslage hat sich in den vergangenen 20 Jahren die Einstellung zum Thema deutlich gewandelt. Für viele Menschen ist Abtreibung inzwischen eine selbstverständliche Option, wie etwa zwölf Interviews zeigen, die Jeanne Diesteldorf mit Frauen, die abgetrieben haben, geführt hat.[60] Viele ungewollt Schwangere stehen heute nicht mehr allein vor einer nahezu unlösbaren Situation, sondern finden Hilfe und Unterstützung, oft auch bei der eigenen Mutter. Ihre Bevormundung von staatlicher wie auch gesellschaftlicher Seite wird zunehmend als Skandal wahrgenommen, ebenso problematische Zustände wie das Fehlen von Abtreibungen in der medizinischen Ausbildung oder Gehsteigbelästigung vor Beratungsstellen durch aufdringliche Anti-Abtreibungs-Aktivist*innen. Juristinnen loten bereits Möglichkeiten aus, wie trotz des Bundesverfassungsgerichtsurteils eine Entkriminalisierung von Abtreibungen ermöglicht werden könnte. Ulrike Lembke, Juraprofessorin an der Humboldt-Universität, argumentiert zum Beispiel mit dem Vergleich zu anderen Bereichen, die das Recht auf körperliche Selbstbestimmung hoch werten:

> »In einer Rechtsordnung, welche nicht einmal eine Blutspende zur Rettung aus Lebensgefahr erzwingen lässt, ist eine erzwungene Schwangerschaft nicht zu begründen. ... Schwangerschaftsabbruch gehört nicht ins Strafgesetzbuch. Strafwürdig ist er nur, wenn er *gegen den Willen* der Schwangeren erfolgt. Dann allerdings liegt aufgrund der Schwere der Folgen eine schwere Straftat vor.«[61]

---

60 Jeanne Diesteldorf (2021) (K)eine Mutter: Abtreibung – zwölf Frauen erzählen ihre Geschichte, KiWi.

61 Annett Gröschner: »Gleich hinter Mord und Totschlag«, Zeit-Online, 31.8.2021, https://www.zeit.de/kultur/2021-08/schwangerschaftsabbruch-strafgesetzbuch-deutschland-frauenrechte-paragraf-218-150-jahre/komplettansicht

Akuten Handlungsbedarf ergibt vor allem die schlechter werdende Versorgungslage. Laut Statistischem Bundesamt gibt es in Deutschland jährlich etwa 100.000 Schwangerschaftsabbrüche. Das ist zwar eine relativ konstante Zahl, aber die Zahl der Praxen, die Schwangerschaftsabbrüche anbieten, hat sich in den vergangenen 20 Jahren nahezu halbiert. Im Jahr 2020 gab es nur noch 1.109 von ihnen, Tendenz sinkend. Gerade in ländlichen Gegenden Süd- und Westdeutschlands ist die Versorgungslage prekär. Das liegt auch daran, dass eine ältere Generation von Ärzt*innen, die diese Behandlung auch aus humanistischer und feministischer Überzeugung heraus angeboten hat, an der Schwelle zum Ruhestand steht. Jüngere Ärzt*innen haben das Thema oft schlicht nicht auf dem Schirm, zumal sich mit Abtreibungen auch nicht sonderlich viel Geld verdienen lässt. Die aktuellen feministischen Debatten um reproduktive Gerechtigkeit könnten das allerdings ändern und unter Medizinstudent*innen ein neues Bewusstsein für das Thema wecken. Unterdessen gibt es auch noch andere Bemühungen, die Versorgung ungewollt Schwangerer sicherzustellen, zum Beispiel haben *Pro Familia Berlin*, das Familienzentrum *Balance* und die Organisation *Doctors for Choice* kürzlich ein Pilotprojekt gestartet, damit medikamentöse Abbrüche in Zukunft online per Videocall durchgeführt werden können.[62]

Auch international wächst der Druck auf Länder, die ihrer Bevölkerung im Fall von ungewollten Schwangerschaften keinen Zugang zu medizinischer Versorgung gewährleisten. Das betrifft nicht nur Länder wie Polen oder Ungarn, sondern auch Deutschland. 2020 hat das Menschenrechtskommissariat der Vereinten Nationen die Bundesregierung dafür kritisiert, dass sie ihre Abtreibungsgesetzgebung noch immer nicht nach den Vorgaben der internationalen Frauenrechtskonvention CEDAW (Convention on the Elimination of All Forms of Discrimination Against Women) reformiert habe, die Deutschland eigentlich bereits 1985 ratifiziert hat. Nach Ansicht des CEDAW-Aus-

62 https://schwangerschaftsabbruch-zuhause.de

schusses müssten die Zwangsberatung und die dreitägige Wartezeit zwischen Beratung und Abbruch abgeschafft und außerdem der Eingriff zu einer Kassenleistung gemacht werden, damit die völkerrechtlich vereinbarten Standards auch in Deutschland eingehalten werden. Formal gesehen sind die derzeit geltenden Regelungen zum Schwangerschaftsabbruch eine von den Vereinten Nationen offiziell festgestellte Menschenrechtsverletzung.[63]

Gerade auf internationaler Ebene ist das Thema aber auch heftig umstritten – mit gegensätzlichen Tendenzen. Das Thema Abtreibung steht neben Homosexualität und dem Verständnis von Genderidentitäten im Zentrum jener globalen Auseinandersetzungen, die der südafrikanische Journalist Mark Gevisser als »pinke Linie« bezeichnet.[64] Sie verläuft quer durch Länder, politische Lager, teilweise sogar durch Familien und Individuen. In Lateinamerika sind zuletzt große Fortschritte für die reproduktive Freiheit ungewollt Schwangerer zu verzeichnen. So ist es in Argentinien seit Dezember 2020 möglich, eine Schwangerschaft bis zur 14. Schwangerschaftswoche legal, sicher und kostenfrei zu beenden.[65] Im September 2021 hat das Verfassungsgericht von Mexiko die Kriminalisierung von Abtreibungen für verfassungswidrig erklärt.[66] Gegenläufig ist die Entwicklung hingegen in den republikanisch dominierten Bundesstaaten der USA. In Texas trat kürzlich das sogenannte Heart-Beat-Gesetz in Kraft, das Abtreibungen verbietet, sobald die Herzaktion des Embryos auf einem Ultraschall zu sehen ist, also etwa ab der sechsten Woche. Zu diesem Zeitpunkt wissen viele Schwangere noch

63 Teresa Bücker, Newsletter »Zwischenzeit_en« vom 4.9.2021, https://steadyhq.com/de/teresabuecker/posts/6697d22b-8d1b-44cc-9715-e28023453bc2

64 Mark Gevisser (2021) Die pinke Linie. Weltweite Kämpfe um sexuelle Selbstbestimmung und Geschlechtsidenität, Suhrkamp.

65 Daniela Weißkopf: »Feministische Kehrtwende in Argentiniens Regierungspolitik?« In: Wir Frauen 3/2021

66 Mexico's Supreme Court Votes to Decriminalize Abortion, New York Times, 7.9.2021, https://www.nytimes.com/2021/09/07/world/americas/mexico-supreme-court-decriminalize-abortion.html

nicht einmal, dass sie schwanger sind. Das Verbot gilt sogar bei Schwangerschaften nach Vergewaltigung. Auch andere konservative Bundesstaaten ziehen nach. In Ohio etwa wurde Ende 2021 ein noch restriktiverer Gesetzesentwurf eingebracht.[67] Was republikanische Konservative damit bezwecken, ist die Aushebelung des Roe-vs-Wade-Urteils von 1973, in dem der US-Supreme Court den prinzipiellen Zugang zu Abtreibung als Verfassungsrecht festgelegt hatte. Dass dieses Urteil kippen könnte, erscheint mit der derzeitigen konservativen Mehrheit im Obersten Gerichtshof durchaus möglich. Nach dem Tod der liberalen Richterin Ruth Bader Ginsburg im September 2020 hatte der damalige Präsident Donald Trump in seinen letzten Amtstagen dort noch die rechtskatholische Abtreibungsgegnerin Amy Coney Barrett als Verfassungsrichterin installieren können.

Die patriarchale Kontrolle der reproduktiven Fähigkeiten von Menschen mit Uterus geht allerdings in beide Richtungen. Ebenso gängig wie Abtreibungsverbote ist das Verhindern von staatlicherseits oder gesellschaftlich unerwünschten Schwangerschaften. Das reicht von der rassistischen und behinderungsfeindlichen Geburtenpolitik der Nationalsozialisten[68] über Zwangssterilisationen in der USA, die bis 1981 vorwiegend an der Schwarzen Bevölkerung verübt wurden[69], bis hin zur Ein-Kind-Politik in China. Wenn in früheren feministischen Debatten der Fokus vor allem auf dem Zugang zu Abtreibungen lag,

67 https://www.buzzfeednews.com/article/nicolefallert/ohio-texas-abortion-bill

68 Das im Juli 1933 erlassene »Gesetz zur Verhütung erbkranken Nachwuchses« erlaubte die Zwangssterilisation. Die Entscheidungen trafen sogenannte »Erbgesundheitsgerichte« aus Richtern und Ärzten. Allein in den ersten drei Jahren ordneten sie 199.000 Zwangssterilisationen an, vgl. Michael Wildt: »Im Sog der Verheißung. Die so genannte Volksgemeinschaft« in: Damals, Sonderband 2021 »Warum Hitler?«, S. 55.

69 Betroffen waren zwischen 1907 und 1981 etwa 60.000 Menschen, vgl. Marc Pitzke: »Die verdrängte Schande«, Der Spiegel vom 5.1.2012, https://www.spiegel.de/panorama/zwangssterilisation-in-den-usa-die-verdraengte-schande-a-806709.html.

dann steckte hinter dieser Schwerpunktsetzung tendenziell eine *weiße* Perspektivverengung. Denn Mutterschaft wird keineswegs von allen Frauen gleichermaßen erwartet. Schwarze oder migrantische Frauen werden häufig abgewertet, weil sie nach Auffassung einer bürgerlichen Norm ›zu viele‹ oder ›zu oft‹ Kinder bekommen. Die Wissenschaftsjournalistin Mara Hvistendahl schreibt in ihrer Analyse der globalen Entwicklung selektiver Geburtenkontrolle[70], dass noch in den 1960er-Jahren Abtreibung in den USA (und zwar auch unter konservativ-christlichen Rechten) als probates Mittel zur Geburtenkontrolle bei »unerwünschten« Bevölkerungsgruppen galt, zumal wenn es um die »Dritte Welt« ging. Gleichzeitig wurde – ebenfalls vom Westen aus – die Ultraschaltechnologie in alle Welt verbreitet. Dass dies zu einer Geschlechterselektion führen würde, also zur gezielten Abtreibung weiblicher Föten, war abzusehen und wurde damals auch offen diskutiert. Viele (westliche) Bevölkerungsexperten erhofften sich davon einen positiven Nebenaspekt: Je weniger Frauen, desto weniger Geburten. Bald schon waren in Ländern wie Korea oder China mobile Abtreibungskliniken unterwegs, die teilweise ebenfalls vom Westen finanziert wurden. Fötusuntersuchungen mit sofortiger Abtreibung bei unerwünschtem, da weiblichem Geschlecht wurden gängige Praxis. Diese Abtreibungen fanden oft erst im zweiten oder sogar letzten Drittel der Schwangerschaft statt, denn je später, umso sicherer kann per Ultraschall das Geschlecht bestimmt werden.

Wenn wir heute also vom Recht auf reproduktive Selbstbestimmung sprechen, ist es wichtig, beides zu betonen: dass niemand dazu *gezwungen* werden darf, schwanger zu werden oder eine Schwangerschaft zu Ende zu führen, dass aber auch niemand daran *gehindert* werden darf, schwanger zu werden oder eine Schwangerschaft zu Ende zu führen. Freiheit und Würde von Menschen, die gebären möchten, können dabei nur sichergestellt werden, wenn auch materielle Aspekte im Blick

70 Mara Hvistendahl (2013) Das Verschwinden der Frauen. Selektive Geburtenkontrolle und die Folgen, dtv.

sind. Wie sind Menschen, die geboren haben, ebenso wie die Neugeborenen selbst, finanziell und sozial abgesichert? Ein solch breiterer Fokus ist unter dem Stichwort der reproduktiven Gerechtigkeit beziehungsweise ›Reproductive Justice‹ zuerst von Feministinnen of Color Ende der 1990er-Jahre in den USA explizit formuliert worden.[71] Das 1997 gegründete *SisterSong Women of Color Reproductive Justice Collective*, ein Zusammenschluss von Frauen mit afrikanischen, indigenen, lateinamerikanischen und asiatischen Wurzeln, beschrieb reproduktive Gerechtigkeit als »das Menschenrecht auf persönliche körperliche Autonomie, darauf, Kinder zu haben, keine Kinder zu haben, und für Kinder, die wir haben, in sicheren und nachhaltigen Gemeinschaften Eltern sein zu können«[72].

Dass sich die vor allem bürgerliche *weiße* Frauenbewegung in ihrem Aktivismus stark auf juristische Aspekte fokussiert und dabei den größeren kulturellen Kontext leicht aus dem Blick verliert, ist kein neues Phänomen.[73] Bereits in den Kämpfen für das Wahlrecht am Ende des 19. Jahrhunderts haben sozialistische und anarchistische Feministinnen wie Victoria Woodhull eingewandt, dass das Recht zu wählen, das von den bürgerlichen Frauenrechtlerinnen ganz oben auf die Agenda gesetzt wurde, nicht das einzige und vordringliche Anliegen zum Beispiel von Arbeiterinnen war. Heute zeigt sich diese Perspektivverengung darin, dass im Zusammenhang mit reproduktiver Selbstbestimmung fast ausschließlich rechtliche Fragen diskutiert werden – wie die Forderung nach einer Abschaffung der Paragrafen 218 und 219 oder juristische Anliegen im Familien- und Eherecht (in Bezug auf die rechtlich abgesicherte Familienzuordnung

---

71 Vgl. Susanne Schultz: Reproduktive Gerechtigkeit. In: Lisa Yashodhara Haller und Alicia Schlender, Hg. (2021) Handbuch Feministische Perspektiven auf Elternschaft, Barbara Budrich.
72 Zit. nach Wikipedia.org. Artikel Reproductive justice
73 Vgl. zum Beispiel die Auseinandersetzungen zwischen Stimmrechtsaktivistinnen und Arbeiterinnen in den 1860er-Jahren New York, Antje Schrupp (2002) Das Aufsehen erregende Leben der Victoria Woodhull, Ulrike Helmer Verlag, S. 82ff.

von Kindern und Erwachsenen), beim Personenstandsrecht (in Bezug auf das Verhältnis von biologischem Körper und Geschlechtsidentität), beim Embryonenschutzgesetz und beim Adoptionsvermittlungsgesetz (die den Zugang zu Reproduktionstechnologien und/oder Leihmutterschaft regeln). Rechtliche Fragen sind ohne Zweifel wichtig. Aber die tatsächlichen Möglichkeiten zu freiheitlicher Elternschaft hängen häufig mehr noch von anderen Faktoren ab. Nicht nur, weil wohlhabende Menschen bessere Möglichkeiten haben, Kinder großzuziehen. Ungeplante Schwangerschaften kommen auch deutlich öfter bei Frauen ohne berufliche Bildung und bei armen Frauen vor – in Deutschland sind 40 Prozent der Schwangerschaften von Frauen mit einem Nettoeinkommen von weniger als 1.000 Euro im Monat eher ungeplant, bei Frauen mit einem Nettoeinkommen von über 1.600 Euro sind es nur 10 Prozent.[74] Die Konfrontation mit der Möglichkeit, sich plötzlich in einer Schwangerschaft wiederzufinden, die man nicht geplant hat und auf die man entsprechend auch nicht vorbereitet ist, kann also nicht unabhängig von sozialen Kontexten betrachtet werden: Je nachdem, wie gebildet oder wie alt eine Frau ist und über wie viel Geld sie verfügt, hat sie nicht nur bessere oder schlechtere Möglichkeiten, mit solch einer Situation umzugehen, wenn sie denn eingetreten ist. Es ist auch mehr oder weniger wahrscheinlich, ob das überhaupt passiert.

Sarah Diehl hat in ihrem Dokumentarfilm *Abortion Democracy* von 2008 am Beispiel von ungewollt Schwangeren in Polen und Südafrika gezeigt, dass über den tatsächlichen Zugang zu Abtreibungen nicht die Rechtslage entscheidet: In Polen ist Abtreibung zwar verboten, aber trotzdem kommen Betroffene relativ leicht an eine sichere Abtreibung, es ist nur

74 Laut einer Erhebung im Zeitraum zwischen 2002 und 2009, vgl. Anita Kottwitz u.a.: »Die Geburt im Kontext der Zeit kurz davor und danach – Eine repräsentative empirische Beschreibung der Situation in Deutschland auf der Basis des Sozio-oekonomischen Panels (SOEP)«, in: Paula-Irene Villa u.a. (2011) Soziologie der Geburt, Campus, S. 133.

teuer und umständlich. In Südafrika hingegen ist Abtreibung zwar gesetzlich erlaubt, aber wegen generell schlechter medizinischer Versorgung und konservativer Grundhaltungen in den Kliniken bekommen Betroffene in der Praxis nur schwer Zugang dazu.[75] Und natürlich hängt nicht nur der Zugang zu Abtreibungen in der Realität von sozialen und finanziellen Privilegien ab. Dasselbe gilt auch, wenn es darum geht, Kinder zu haben und Eltern zu sein: Wer kann gute und informierte Entscheidungen über Schwangerschaften treffen? Wer hat Zugang zu Ressourcen, Unterstützung, Informationen? Und wer nicht? Wer in materiell abgesicherten Verhältnissen aufwächst, Zugang zu Bildung und Mobilität hat, sozial und politisch gut vernetzt ist, hat in diesen Fragen ganz unabhängig von etwaigen Gesetzeslagen völlig andere Möglichkeiten. Aus einer freiheitlichen und herrschaftskritischen Perspektive ist es wichtig, diesen größeren ökonomischen und bevölkerungspolitischen Kontext immer zu berücksichtigen, auch wenn es um vermeintliche Detailfragen geht.

75 https://missy-magazine.de/archiv/missy-0109/legal-illegal-ganz-egal

In-Vitro-Fertilisation: Was sich dadurch geändert hat und was nicht

Das erste ›in vitro‹ gezeugte Baby kam 1978 zur Welt. Seither haben Reproduktionstechnologien eine rasante Entwicklung genommen, was noch einmal ganz neue ethische Fragen aufwirft. In-Vitro-Fertilisation (IVF) bedeutet, dass dem menschlichen Körper eine Eizelle entnommen, ›im Reagenzglas‹ mit einem aus gegengeschlechtlichem Ejakulat gewonnenen Spermafaden zu einem Embryo vereinigt und anschließend in einen Uterus eingesetzt wird. Die Eizell-Entnahme erfordert einen medizinischen Eingriff, der heute in der Regel per Ultraschalltechnik durch die Vagina vorgenommen wird. Die Prozedur ist schmerzhaft, weshalb meist ein Schlafmittel injiziert oder eine Kurzzeitnarkose gegeben wird. Auch wenn das Verfahren inzwischen weniger belastend ist als früher, muss immer noch vorab eine Hormonbehandlung zur Stimulierung durchgeführt werden. Häufig werden die Gameten der Wunscheltern selbst verwendet, denn eine In-Vitro-Fertilisation ist im Vergleich zur Zeugung durch Geschlechtsverkehr erfolgversprechender, vor allem wenn das so genannte ICSI-Verfahren angewendet wird, bei dem einzelne Pollen direkt in eine Eizelle injiziert werden.[76] Auf diese Weise können Männer, die früher als unfruchtbar gegolten hätten, doch noch Kinder mitzeugen, wenn auch um den Preis einer belastenden medizinischen Behandlung für die beteiligten Frauen.

Bei einer IVF muss die schwangere Person aber nicht unbedingt mit der Spenderin der Eizelle identisch sein. Dadurch ist ein Markt für den Verkauf von Eizellen und für bezahlte

76 Intrazytoplasmatische Spermieninjektion. Dabei wird ein Spermium direkt in eine Eizelle injiziert, was die Chance für die Entstehung eines Embryos erheblich vergrößert. Nach einer 2016 publizierten Studie enthält das ICSI-Verfahren im Vergleich zur traditionellen IVF ein beinahe vierfach erhöhtes Risiko für Komplikationen während der Schwangerschaft: https://www.imabe.org/imagohominis/imago-hominis-1/2017/leben-aus-dem-labor-40-jahre-reproduktionsmedizin-eine-uebersicht

Schwangerschaften entstanden. Eine Eizell-Spenderin bekommt zwischen 500 und 1.000 Euro, in den USA teilweise mehrere tausend (je nach angenommener ›Qualität‹[77]), eine Leihmutter bekommt zwischen 25.000 und 100.000 Euro. Außerdem können Embryonen nun selektiert werden, zum Beispiel auf mögliche Behinderungen, gewünschte reproduktive Variante des Körpers oder weitere genetische Merkmale. Ausgewählt werden können aber auch die Gameten-Spenderinnen (wie jung, schön, gesund sind sie?) und die Schwangeren: Wie robust ist sie, wie verlässlich, wie bereitwillig, die eigenen Bedürfnisse dem Wohl des Fötus unterzuordnen? Und wie teuer?

Die Möglichkeiten, die der In-Vitro-Fertilisation inhärent sind, bringen also die ethischen Herausforderungen der Fortpflanzung auf ein völlig neues Niveau. Biologische Reproduktion und soziale Gerechtigkeitsfragen verweben sich auf eine bisher nicht dagewesene Weise. Gleichzeitig wächst der Einfluss von staatlichen, wissenschaftlichen und ökonomischen Instanzen, denn der Zugang zu solchen Technologien wird gesetzlich geregelt und überwacht. Viele nationale Gesetzgebungen schließen homosexuelle Paare oder Alleinstehende explizit als Kund*innen reproduktiver Dienstleistungen aus. Und auch da, wo sie erlaubt sind, werden Kinderwunsch-Behandlungen vorwiegend für heterosexuelle Paare in einem bestimmten Alterskorridor finanziell unterstützt oder von den Krankenkassen bezahlt. Allerdings sind die Bestimmungen international vollkommen unterschiedlich und verändern sich häufig. Während manche Länder (Israel, einige skandinavische Länder, die Ukraine, manche US-Bundesstaaten) einen relativ offenen Reproduktionsmarkt haben, sind andere Länder (zum Beispiel Deutschland und die Schweiz) in ihrer Gesetzgebung restriktiv. Das hält deren Bürger*innen jedoch nicht davon ab, reproduktive Dienstleistungen einzukaufen, sie tun das dann eben im Ausland. Für wohlhabende heterosexuelle Menschen galt lange

77 https://praxistipps.focus.de/eizellen-verkaufen-alle-infos-zur-spende-gegen-geld_130727

Zeit Indien als Eldorado bei unerfülltem Kinderwunsch, doch seit 2016 dürfen bezahlte Schwangerschaften dort nur noch für indische Ehepaare angeboten werden. Derzeit sind vor allem Russland, Georgien und die Ukraine beliebt, bei schwulen Paaren auch die USA. Seit Januar 2022 ist Leihmutterschaft in Israel auch für homosexuelle Paare und Single-Männer erlaubt, für heterosexuelle Paare und Single-Frauen war sie das schon länger. Lesbische Paare und alleinstehende Frauen finden legal in Schweden oder Dänemark Unterstützung. In Deutschland ist bei IVF die Verwendung von Gameten von Personen, die nicht die Eltern des Kinds sein wollen, verboten, also auch jede Form von Eizellspende und Leihmutterschaft. Ebenfalls verboten sind wissenschaftliche Experimente mit Embryonen oder eine gleichzeitige Befruchtung von mehr als drei Eizellen. Es gibt allerdings Forderungen, das zu ändern, da in vielen anderen Ländern liberalere Gesetze gelten. Verfassungsrechtlich wäre eine Zulassung von bezahlten Schwangerschaften vermutlich möglich.[78]

Trotz der eher restriktiven Gesetzeslage werden auch in Deutschland inzwischen rund drei Prozent, in anderen Ländern bereits bis zu sechs Prozent aller Kinder außerhalb des Körpers gezeugt[79], Tendenz steigend. Neben der In-Vitro-Fertilisation gibt es zahlreiche weitere Anwendungsmöglichkeiten von Reproduktionstechnologien. Eizellen können zum Beispiel in jungen Jahren entnommen und eingefroren und zu einem späteren Zeitpunkt verwendet werden. Das so genannte ›Freezing‹ ermöglicht sogar Schwangerschaften nach der Menopause, denn im Alter versiegen lediglich die Eizellen, der Uterus hingegen ist auch bei über 70-Jährigen noch in der Lage, Embryonen

78 Vgl. Laura Klein: »Ist Leihmutterschaft mit dem Grundgesetz vereinbar?« In: bzw-weiterdenken.de vom 25.10.2021, https://www.bzw-weiterdenken.de/2020/10/ist-leihmutterschaft-mit-dem-grundgesetz-vereinbar

79 Michael Wolf, Thomas Haaf: »In-vitro-Fertilisations-Technologien und Kindergesundheit« in: Deutsches Ärzteblatt, 2020; 117: 23–30, https://www.aerzteblatt.de/archiv/211858/In-vitro-Fertilisations-Technologien-und-Kindergesundheit

zur Reife zu bringen. Nicht nur Eizellen, auch komplette Eierstöcke können inzwischen operativ entfernt und später wieder in den Körper eingesetzt werden. Das ist zum Beispiel hilfreich bei einer Chemotherapie, die die Eizellen schädigen könnte. Anders als bei eingefrorenen Eizellen kann man mit dieser Methode nach der Therapie auch wieder per Geschlechtsverkehr schwanger werden. Auch Gebärmuttertransplantationen werden inzwischen durchgeführt. Lange waren sie nur möglich bei Lebendspenden, inzwischen können auch Gebärmütter von Verstorbenen, also qua Organspende, transplantiert werden.[80] Noch in der Entwicklung sind Eileiter-Stents, die es ermöglichen würden, reifen Eizellen bei blockierten Eileitern einen Weg zur Gebärmutter zu bahnen, womit eine verbreitete Ursache von ungewollter Kinderlosigkeit bei Frauen behoben wäre.[81] Pollenzellen können natürlich ebenfalls eingefroren werden, was zum Beispiel bedeutet, dass biologische Vaterschaft auch nach dem Tod der betreffenden Person noch möglich ist – bis zu 72 Stunden nach dem Tod kann man noch Gameten aus einem Körper entnehmen und einfrieren. In Deutschland ist es allerdings verboten, Embryonen mit männlichen Keimzellen herzustellen, wenn der Spender bereits verstorben ist. Und schließlich gibt es noch das sogenannte CRISPR-Verfahren, also die Möglichkeit, Embryonen vor der Implantation in eine Gebärmutter genetisch zu verändern – dies ist aber ethisch hoch umstritten und in den meisten Ländern verboten.[82]

All diese Entwicklungen haben das Schwangersein keineswegs überflüssig gemacht. Auch wenn manche davon träumen, so wie der Betreiber des größten Reproduktionszentrums der Ukraine *BioTexCom*, Albert Totschilowskyj, der die baldige

80 https://www.sueddeutsche.de/gesundheit/brasilien-gebaermutter-transplantation-geburt-1.4239138

81 https://www.deutschesgesundheitsportal.de/2021/11/22/hoffnung-fuer-kinderlose-paare-rostocker-und-greifswalder-forscher-entwickeln-eileiter-stent

82 https://www.transgen.de/forschung/2564.crispr-genome-editing-pflanzen.html

Entwicklung von Inkubatoren voraussagt. Aus seiner Sicht würde das die fabrikmäßige Wunschkindproduktion sehr vereinfachen, schließlich bräuchte man dafür dann keine lebendigen Leihmütter mehr.[83] Auch im Science Fiction ist die Ektogenese, also die Reifung von Embryonen und Föten außerhalb eines menschlichen Körpers, bereits vielfältig ausgemalt worden. 1970 erhoffte sich die Feministin Shulamith Firestone in ihrem Buch *Frauenbefreiung und sexuelle Revolution* von den (damals noch gar nicht erfundenen) Reproduktionstechnologien die »Befreiung der Frauen von der Tyrannei der Fortpflanzung«[84]. Hier verbinden sich feministische und technologische Utopien mit der Frage, ob Leben körperlos reproduzierbar sei.[85]

Bisher hat sich allerdings trotz aller Anstrengungen der Zeitpunkt, ab dem Föten außerhalb des Körpers einer Schwangeren überleben können, nur leicht verschoben, von der 28. Schwangerschaftswoche auf die etwa 24. Und auch das nur theoretisch, denn praktisch ist die Todesrate von Frühchen in diesem Alter sehr hoch. Mindestens fünf bis sechs Monate muss immer noch ein Mensch schwanger sein, damit ein neuer Mensch zur Welt kommen kann. Noch 2012 widmete die Biologin Aarathi Prasad in ihrem Buch *Like a Virgin* der Möglichkeit der Ektogenese, also der Reifung von Embryonen außerhalb eines menschlichen Körpers, recht breiten Raum.[86] Interessanterweise scheint die Nachfrage aber nicht sehr groß zu sein,

83 Antje Schrupp: »Babys ohne Eltern« in Zeit Online, 24.6.2020, https://www.zeit.de/kultur/2020-06/leihmutterschaft-corona-krise-babys-elternschaft-schwangerschaft-selbstbestimmung-moral. Zur Situation in der Ukaine vgl. auch das Feature »Babys für die Welt« von Inga Lizengevic, Deutschlandfunk 30.11.2021, https://www.swr.de/swr2/doku-und-feature/babys-fuer-die-welt-das-geschaeft-mit-ukrainischen-leihmuettern-100.html

84 Shulamith Firestone (1975) Frauenbefreiung und sexuelle Revolution, Fischer Taschenbuch, S. 191.

85 Dazu sehr lesenswert von Siri Hustvedt (2018) Die Illusion der Gewissheit, Rowohlt.

86 Aarathi Prasat (2012) Like A Virgin. How Science is Redesigning the Rules of Sex, Oneworld, S. 193, 226 und passim.

denn tatsächlich ging die Entwicklung in eine andere Richtung: Die Technologie wird nicht genutzt, um alle Menschen vom Schwangerwerden zu befreien, sondern im Gegenteil dafür, es allen Menschen zugänglich zu machen. Nicht Inkubatoren wurden entwickelt, sondern Gebärmuttertransplantationen. Auch an robotergestützten Uterus-Transplantationen wird heute geforscht, ebenso an einer künstlichen Herstellung des Organs.[87]

Werden also in Zukunft alle Menschen gebären können? Wird es fürs Kinderhaben egal sein, ob man mit oder ohne Uterus zur Welt gekommen ist? Verschwindet die reproduktive Differenz vielleicht irgendwann oder wird zumindest so unwichtig, wie es mit der Erfindung von Brillen und Kontaktlinsen die Sehschärfe geworden ist? Völlig auszuschließen ist das nicht. Für den Moment und auch für die vorhersehbare Zukunft bleibt es aber dabei, dass Embryonen nur zu Menschen werden, wenn eine lebendige Person sie mehrere Monate lang im eigenen Körper reifen lässt und dann gebiert. Und dass nur etwa die Hälfte aller Menschen das dafür notwendige Organ besitzt.

Die Entwicklung der Reproduktionstechnologien ist in den vergangenen Jahrzehnten sehr viel schneller verlaufen als die gesellschaftliche Debatte darüber. Das fängt schon mit der Sprache an, die längst nicht mehr über genügend Differenziertheit verfügt, um die komplexen Sachverhalte abzubilden. Wie soll man es zum Beispiel nennen, wenn jemand dafür bezahlt wird, sich einen von anderen gezeugten Embryo in den Uterus einsetzen zu lassen und zu gebären? Der üblicherweise verwendete Begriff ist »Leihmutterschaft«, aber zum einen ist das begrifflich schräg (man leiht hier keine Mutter aus), zum anderen wurde das Wort ursprünglich dafür verwendet, wenn eine Frau zusammen mit dem Ehemann einer anderen ein Kind zeugte, dieses gebar und

87 Kristin Houser: »A Woman is pregnant following a robot-assisted uterus transplant«, Futurism.com, 19.1.2019, https://futurism.com/the-byte/uterus-transplant-robot-assisted-surgery. Zur Geschichte der Uterustransplantationen und cismännlichem Schwangerwerdenkönnen vgl. auch Aarathi Prasad (2012) Like a Virgin, S. 211ff.

dann den Wunscheltern übergab (oder geben musste). Heute meint dieser Begriff jedoch Schwangerschaften mit Embryonen, die per IVF aus den Gameten fremder Personen gezeugt wurden. Um beides zu unterscheiden, hat sich für Letzteres in der Fachsprache der Begriff ›Tragemutter‹ durchgesetzt.[88] Aber auch das ist problematisch, denn die meisten dieser Frauen verstehen sich nicht als ›Mütter‹. Das wurde im Frühjahr 2020 offenkundig, als Hunderte neugeborene Babys in einem Hotel in Kiew strandeten, weil diejenigen, die diese Schwangerschaft initiiert hatten, aufgrund der Corona-Pandemie nicht in die Ukraine einreisen konnten.[89] Ein weiterer in Umlauf befindlicher Begriff ist ›Miet-Uterus‹. Er weist zwar auf diese Beziehungslosigkeit hin, trifft aber das Phänomen auch nicht so recht, weil eine Schwangere ja nicht einfach ihren Uterus ›vermietet‹, sondern eine komplexe Dienstleistung anbietet – eine Schwangerschaft ist ja nichts, was eine Person lediglich passiv über sich ergehen lässt, sondern sie wird aktiv gestaltet. Deshalb bevorzuge ich vorläufig den Begriff der ›bezahlten Schwangerschaft‹. Zwar wird manchmal auch zwischen ›kommerzieller‹ und ›altruistischer‹ Leihmutterschaft unterschieden und zum Beispiel Erstere verboten und die Zweite erlaubt, aber zum einen werden auch bei den sogenannten ›altruistischen‹ Leihmutterschaften finanzielle Entschädigungen an die Schwangeren gezahlt (die von ihnen durchaus als Bezahlung verstanden werden), und zum zweiten sind ja auch diese Prozeduren kommerziell: Kliniken, Ärzt*innen und Vermittlungsagenturen verdienen trotzdem daran, nur die beteiligten Frauen nicht.

Die meisten Feministinnen äußerten sich anfangs, in den 1990er-Jahren, ablehnend gegenüber den Reproduktionstechnologien. Sie befürchteten eine Ausbeutung des weiblichen

88 Vgl. Julia Teschlade: »Tragemutterschaft« In Lisa Yashodhara Haller und Alicia Schlender, Hg. (2021) Handbuch Feministische Perspektiven auf Elternschaft, Barbara Budrich.

89 https://www.dw.com/de/corona-chaos-mit-leihmutterschaft-in-der-ukraine/a-53538713

Körpers und die Umwandlung weiblicher Gebärfähigkeit in eine kapitalistische Ware. Bis heute setzen Initiativen wie *Stop Surrogacy Now*[90] jegliche Form von bezahlter Schwangerschaft mit dem »Kaufen und Verkaufen von Kindern« gleich. Tatsächlich ist das Geschäft mit den Reproduktionstechnologien häufig auf eine skandalöse Weise frauenverachtend, rassistisch und ausbeuterisch. Doch angesichts der großen Nachfrage von ungewollt kinderlosen Frauen nach technologisch assistierter Fortpflanzung hat sich eine prinzipielle feministische Ablehnung nicht gehalten. Materialistische Feministinnen wie das Kollektiv *Kitchen Politics* verweisen zudem darauf, dass der internationale Markt längst Tatsachen geschaffen hat. Reiche Menschen sind bereit, sehr viel Geld für Reproduktionsdienstleistungen zu bezahlen, während die Möglichkeit, die eigenen reproduktiven Fähigkeiten entsprechend zu ›vermarkten‹, ein angesichts ungerechter Wirtschaftsverhältnisse oftmals verlockendes Angebot für Frauen in materiell schwierigen Lebensumständen darstellt. Deshalb seien andere Formen politischer Intervention notwendig, zum Beispiel diesen Bereich aus der halblegalen Grauzone zu holen und eine gewerkschaftliche Organisation und Interessenvertretung von Leihmüttern und Eizell-Verkäuferinnen zu ermöglichen.[91]

In queerfeministischen Kontexten wird schließlich auch auf die Chancen und Möglichkeiten von Reproduktionstechnologien für nicht-heteronormative Familien verwiesen. So fordert die Aktivistin Sophie Lewis in ihrem gleichnamigen Buch *Full Surrogacy Now*[92] die vollständige Auflösung des traditionellen Familienverständnisses hin zu einer Akzeptanz vielfältiger Lebensformen zwischen Geschlechtern und Generationen, auch unter Zuhilfenahme reproduktionstechnologischer

---

90 http://www.stopsurrogacynow.com

91 Kitchen Politics, Hg. (2015): Sie nennen es Leben, wir nennen es Arbeit, Edition Assemblage.

92 Sophie Lewis (2019) Full Surrogacy Now. Feminism against Family, Verso Books.

Möglichkeiten. Tatsächlich hat sich der Familienbegriff in der Queer-Community seit den 1980er-Jahren gewandelt, wie Yv Nay beschrieben hat. Ging es früher darum, soziale Verbindungen zu stärken, die die Enge des biologischen Familienbegriffs relativieren, hat sich der Kampf heute dahin verschoben, dass auch queere Menschen biologisch verwandte Familien gründen wollen.[93] Die kapitalistisch organisierte Reproduktionsindustrie hat daran natürlich ein Interesse. Aus einer freiheitlich-feministischen Perspektive ist es allerdings sinnvoll, auch daran zu erinnern, dass nicht-heteronormative Konstellationen und Familienbeziehungen nicht per se auf Reproduktionstechnologie angewiesen sind. Selbstbestimmte Schwangerschaften außerhalb der traditionellen Ordnung hat es immer gegeben. Das Schwangerwerden kann vom Staat faktisch genauso wenig unterbunden werden wie Abtreibungen. Gesetze haben lediglich Einfluss auf die Rahmenbedingungen, unter denen beides stattfindet, nicht aber auf die Sache an sich.

Schon immer gab es zum Beispiel Formen von Insemination ohne körperlichen Geschlechtsverkehr. Die Möglichkeit, Ejakulat auf mechanische Weise, etwa mit Hilfe eines Becherchens oder Schlauches, in die Nähe eines Gebärmuttermundes zu bringen, ist naheliegend und wird sowohl im Privaten als auch im medizinischen Bereich mindestens seit dem 19. Jahrhundert angewendet. Bis heute ist es eine unbürokratische Möglichkeit für lesbische Paare, alleinstehende Frauen oder verschiedene Formen von Co-Elternschaft, um Schwangerschaften herbeizuführen. Auch dass Kinder bei anderen Eltern aufwachsen als ihren biologischen Zeuger*innen, ist keine Folge der Technologie. Schon in der Bibel gibt es Leihmutterschaft, wie die Geschichte von Sara und Hagar zeigt – als Sara nicht schwanger wurde, zwang sie die Sklavin Hagar dazu, mit ihrem Mann Abraham zu schlafen und seinen ersten Sohn zu gebären.[94]

93 Yv E. Nay (2017) Feeling Familiy. Affektive Paradoxien der Normalisierung von »Regenbogenfamilien«, Zaglossus, S. 13ff.
94 Genesis, Kap. 16 und 21.

Schon damals sind übrigens auch die hierarchischen Machtverhältnisse zwischen Auftraggeberinnen und Leihmüttern ein Thema; auch diese sozialen Konflikte sind also nicht erst mit den Reproduktionstechnologien entstanden. In der Aufbruchsstimmung der 1960er-Jahre haben Studenten in den USA Ejakulat an Frauen verkauft, die ohne Beziehung zu einem Mann schwanger werden wollten, bis das verboten beziehungsweise gesetzlich reguliert und spezialisierten Samenbanken vorbehalten wurde. Heute hat das Internet den unregulierten Austausch von Gameten erneut aufleben lassen: Über soziale Netzwerke wie Facebook kann man als Person, die schwanger werden möchte, in Kontakt mit potenziellen Spendern treten und jeweils eigene, individuelle Abmachungen über die Modalitäten der entsprechenden Kooperation treffen.[95] Dabei zeigt sich, dass Geld längst nicht die einzige Motivation ist, warum viele Männer bereitwillig an der Zeugung von Kindern mitwirken.

Die Idee, die biologischen Vorgänge der Reproduktion und insbesondere Schwangerschaften technisch zu ›tunen‹, hat allerdings schon immer eine große Faszination ausgeübt, auch im Sinne einer utopischen – oder eben auch dystopischen – Ausmalung alternativer Gesellschaftsformen. Bisher haben sich eher die düsteren als die optimistischen Prognosen bewahrheitet. Mit Ausnahme der ›Ehe für alle‹, die in Parallele zur traditionellen Ehe konzipiert wurde, haben die neuen Technologien nicht zu einer größeren Vielfalt an Familienformen geführt. Das liegt größtenteils daran, dass ihre ethische Akzeptanz an die Ähnlichkeit zur traditionellen Familie gebunden bleibt. Es wird, mit anderen Worten, weithin so getan, als würde sich sozial gar nichts ändern, weil die Technologien lediglich dabei nachhelfen, ›ganz normale‹ Familien zu gründen. Das geht so weit, dass Reproduktionsagenturen den Auftraggeberinnen bezahlter Schwangerschaften künstliche Bäuche zur Verfügung stellen, mit deren Hilfe sie eine eigene Schwangerschaft vortäuschen

95 https://www.stern.de/familie/grossbritannien--die-samenspender-suche-auf-facebook-erlebt-einen-boom-30381768.html

können. Auch bei der Zeugung von Embryonen mit gekauften Ei- oder Pollenzellen wird darauf geachtet, eine genetische Verwandtschaft denkbar zu machen: Die verwendeten Gameten müssen von Spender*innen stammen, die den Auftragseltern äußerlich (zum Beispiel bezüglich Hautfarbe oder Augenform) ähnlich sind. Auch der Begriff ›Reproduktionsmedizin‹ untermauert diese Vorstellung, denn er hebt einen vermeintlichen Heilungsaspekt hervor, so als ob hier ein ›gesunder‹«, natürlicher Zustand wiederhergestellt würde. Dadurch entsteht der Eindruck, Unfruchtbarkeit oder die nicht vorhandene Fähigkeit zum Schwangerwerden sei eine Krankheit, obwohl das in Wirklichkeit zum Menschsein dazugehört. Das alles vergrößert die Normativität des traditionellen Familienmodells enorm. Während es zum Beispiel früher recht häufig vorkam, dass Paare kinderlos blieben, müssen sie sich heute dafür rechtfertigen, es nicht mit In-Vitro-Fertilisation zu versuchen.

So wie sie derzeit eingesetzt wird, dient Reproduktionstechnologie also dazu, das vermeintlich ›Natürliche‹ zu simulieren. Hier zeigt sich erneut, wie stark die symbolisch-kulturelle Naturalisierung der Fortpflanzung verankert ist: Als ›natürlich‹ gilt das, was gesellschaftlich für normal gehalten wird – und wenn die Natur nicht spurt, muss die Technologie eben nachhelfen. Das, was als ›unnatürlich‹ gilt, wird hingegen erst recht stigmatisiert, indem man mit allen Mitteln verhindert, dass Technologie zum Einsatz kommt. Single-Elternschaften, Mehreltern-Familien oder Co-Parenting-Modelle dürfen von den neuen Verfahren nicht profitieren und erfahren auch keinerlei rechtlichen Schutz oder Unterstützung. Das ist nicht nur offensichtlich ungerecht und willkürlich, es hat auch zur Folge, dass die notwendigen gesellschaftlichen Debatten über eine Ethik der Reproduktion nicht ausreichend geführt werden. Das dominante Narrativ folgt stattdessen eins zu eins der alten aristotelischen Geschlechterhierarchie, nur dass die als aktiv und maßgeblich geltenden Personen heute nicht mehr die Männer sind, sondern die zahlenden Kund*innen (unabhängig vom Geschlecht), während der rechtlose, irrelevante Part nicht mehr den Frauen per se zugeschrieben wird, sondern den Tragemüttern. Diese neue Hierarchisierung passt auch perfekt zur kapitalistischen Organisationsform, die an die Stelle der traditionell patriarchalen getreten ist: So haben zum Beispiel die US-amerikanischen Promis Kim Kardashian und Kanye West 2016 der Presse mitgeteilt, der Frau, die gegen Bezahlung mit »ihrem« dritten Kind schwanger gewesen sei, sei »nicht nur untersagt worden, zu rauchen und Drogen zu konsumieren, sondern auch heiße Bäder zu nehmen, sich die Haare zu färben oder rohen Fisch zu essen«[96].

Wenn überhaupt einmal wirklich ethisch argumentiert wird, dann mit einem falschen Fokus. Eigentlich müssten wir darüber nachdenken, unter welchen inhaltlichen Kriterien und Rahmenbedingungen das Austragen eines genetisch fremden Embryos legitim ist oder eben nicht. Die Imitation oder gar Vortäuschung traditioneller ›Normalität‹ kann ja kein sinnvolles ethisches Kriterium sein. Doch das passiert nur sehr vereinzelt, in der Regel läuft es auf einen simplen Pro-oder-Contra-Schlagabtausch hinaus. Eine Ausnahme sind diejenigen Eltern, denen eine Simulation von traditioneller Heteronormativität nicht möglich ist, etwa schwule Paare. Sie machen unter den Kund*innen von bezahlten Schwangerschaften zwar nur einen kleinen Anteil aus – die allermeisten Auftragseltern sind heterosexuelle Paare –, aber sie können nicht so tun, als ob einer von ihnen das Kind selbst geboren hätte, zumindest so lange gebärende trans Männer noch relativ selten sind. Deshalb gehen sie gezwungenermaßen offen damit um. Häufig hat die Tragemutter in ihrer Familienerzählung einen eigenen Platz, es werden Weihnachts- und Geburtstagsgrüße ausgetauscht, und den Kindern wird ihre biologische Herkunft von klein auf transparent gemacht. Auch manche alleinstehenden Frauen bringen das Thema offensiv in die Debatte, wie etwa die Filmemachern Marina Belobrovaja,

96 https://www.marketwatch.com/story/heres-how-hard-it-is-to-hire-a-surrogate-for-childbirth-if-youre-not-kim-kardashian-2017-06-28

die sich in ihrem 2021 erschienenen Dokumentarfilm *Menschenskind* mit ihrer Entscheidung, ohne zugehörigen Vater ein Kind zu bekommen, reflektierend und auch selbstkritisch auseinandersetzt.[97]

In diese Richtung müssten zukünftige Debatten viel stärker gehen. Beim Kampf für reproduktive Freiheit und Gerechtigkeit kann es nicht das Ziel sein, jegliche Reproduktionstechnologie zu verdammen und stattdessen das Loblied der ›natürlichen‹ heterosexuellen Fortpflanzung zu singen. Aber es ist auch nicht sinnvoll, Eizellverkauf und bezahlte Schwangerschaften zu einer bloßen Dienstleistung zu erklären. Sondern es ist zu überlegen, wie Freiheit und Würde aller Beteiligten angesichts dieser neuen Technologien sichergestellt werden können. Sie sind nicht einfach aus sich heraus ›gut‹ oder ›schlecht‹, sondern es kommt auf die Art und Weise an, wie sie ausgestaltet werden. Unter welchen Bedingungen wird Reproduktionstechnologie eingesetzt, wer hat Zugang oder nicht, welche Diskriminierungen und Privilegierungen sind damit verbunden?

97 https://marinabelobrovaja.kleio.com/record/work/141

Geburt als Übergang: Vervielfältigte Formen von Elternschaft

Im September 2020 postete der US-Politiker Pete Buttigieg – bekannt geworden durch seine Bewerbung für die demokratische Präsidentschaftskandidatur 2020 – auf seinem Instagram-Kanal ein Selfie von sich und seinem Ehemann Chasten mit der Nachricht, sie seien Eltern geworden.[98] Die frischgebackenen Väter posierten im Krankenhausbett, mit Bändchen ums Handgelenk und in Schwarz-Weiß, jeder ein gewickeltes Baby im Arm. Das Arrangement ist eine Anspielung auf die traditionellen Fotos frisch entbundener Mütter aus den 1960er-Jahren. In dieser Rolle sehen sich Buttigieg und sein Partner offenbar, obwohl ja weder der eine noch der andere eines der Kinder geboren hat. Wer aber hat diese Kinder geboren? Das, so die Aussage des geposteten Schwarzweiß-Fotos, spielt keine Rolle. Die gebärende Person bleibt in dieser Ikonografie unerwähnt und unsichtbar, und zwar aus einem offensichtlichen Grund: Die beiden Männer wollen sich als ›normale Familie‹ präsentieren. Und eine ›normale‹ Familie hat eben nur zwei Elternteile. Eine dritte Person im Bild würde stören. Das Ereignis wurde in den sozialen Medien kontrovers diskutiert. Neben vielen Glückwünschen und Gratulationen gab es auch zahlreiche Kommentare, die Buttigieg und seinem Mann vorwarfen, sie hätten eine Leihmutter ausgebeutet. Doch später stellte sich heraus, dass sie die Kinder adoptiert hatten, also keine bezahlte Schwangerschaft im Spiel war.[99]

Wie kommt der Übergang zwischen Schwangerschaft und Familiengründung zustande, der in der Instagram-Inszenierung von Buttigieg nicht gezeigt wird? Welche ethischen Kriterien legen wir an für den Fall, dass Kinder nach der Geburt nicht bei

98 https://www.instagram.com/p/CTZ17agHp-x

99 https://www.washingtonpost.com/lifestyle/style/chasten-buttigieg-pete-buttigieg-washington/2021/07/23/e10fd616-e388-11eb-b722-89ea0dde7771_story.html

der Gebärerin bleiben, sondern in die Obhut anderer Erwachsener überwechseln? Genau das ist die entscheidende Frage, die sich heute, nach dem Ende der lebenslangen monogamen Ehe als einzig legitimem Ort der Fortpflanzung, stellt: Wie kann auf eine freiheitliche Weise der Übergang gestaltet werden zwischen einer Schwangerschaft und der Familiengründung?

Schwangerschaft ist ein Prozess, bei dem die körperliche, materielle Beziehung zwischen den Generationen eindeutig zugeordnet ist. Niemand kann der schwangeren Person die Aufgabe des Gebärens abnehmen, denn alles spielt sich innerhalb ihres Körpers ab. Die Schwangere ist auch die einzige Person, deren Anwesenheit bei der Geburt eines Kindes sicher ist – bei allen anderen kann etwas dazwischenkommen: Der Vater kann bereits verstorben sein, die Hebamme im Stau festsitzen – oder die Wunscheltern von einer weltweiten Pandemie daran gehindert werden, am Geburtstermin ins Land der Reproduktionsklinik zu reisen. Die Anwesenheit jeder anderen Person bei einer konkreten Geburt ist, egal wie fest sie es sich vorgenommen hatte, kontingent, also nicht sicher, nicht unbedingt erforderlich, nicht wesentlich zum Prozess dazugehörig. Unabdingbar ist einzig und allein die Präsenz der Schwangeren: Wenn sie nicht da ist, gibt es auch keine Geburt. Das bedeutet aber auch, dass die Verantwortlichkeit für das Schicksal eines Neugeborenen zunächst bei ihr liegt. Nicht aus hormonellen oder irgendwelchen esoterischen Gründen eines mütterlichen Wesens heraus, sondern weil jede persönliche Anwesenheit in einer konkreten Situation eine moralische Verpflichtung mit sich bringt. Für die Rettung eines Kindes, das gerade in den See gefallen ist, ist die Person ›zuständig‹, die zu diesem Zeitpunkt am Ufer des Sees steht. Sie kann sich nicht damit herausreden, dass dort ein Rettungsdienst sein müsste oder dass die Eltern besser auf das Kind hätten aufpassen müssen.[100] Der Gebärenden muss die

100 Vgl. auch Antje Schrupp: »Über das Müssen. Für eine andere Philosophie der Pflicht« in: dies. (2009) Was wäre wenn? Über das Begehren und die Bedingungen weiblicher Freiheit, sowie dies.: »Erkennen,

Verpflichtung, sich um das Baby zu kümmern, nicht erst von irgendwoher zugesprochen werden, sie hat sie sozusagen ›per default‹. Sie kann sie nur abgeben, wenn jemand anderes sie übernimmt.

Bei einer Schwangerschaft besteht nicht einfach nur eine Korrespondenz zwischen körperlichen und geistigen Phänomenen und Aspekten, sondern der Zusammenhang ist viel direkter: Soziales und Körperliches sind *ein und dasselbe*. Diesen Sachverhalt so hervorzuheben, bedeutet nicht, der Gebärenden eine unbotmäßige moralische Verpflichtung aufzuerlegen, ganz im Gegenteil: Es ist die Voraussetzung dafür, dass ihr diese Verpflichtung tatsächlich von den Schultern genommen werden kann. Das, was nach einer Geburt neu geregelt werden muss, ist kein *Anfang*, sondern ein *Übergang*. Nur wenn wir verstehen, dass die ethische Herausforderung bei der Ankunft eines Neulings auf dieser Welt nicht so aussieht, dass hier eine Reihe von Erwachsenen ›frei‹ untereinander vereinbaren würden, wer nun die Sorgeposition für das Kind übernehmen soll, sondern dass dabei zwei Menschen involviert sind, die bereits eine reale Verantwortungsbeziehung miteinander verbindet – lange bevor das gesellschaftliche Aushandeln überhaupt losgeht –, nur dann bekommt diese Situation die politische und ethische Aufmerksamkeit, die sie verdient. Das besondere Wesen einer Schwangerschaft muss ernst genommen werden, damit der Unterschied zwischen einem pränatalen *körperlichen* Zustand und einem postnatalen *sozialen* Zustand sichtbar werden kann – und nicht wie im Instagram-Post von Pete Buttigieg einfach aus dem Blickfeld verschwindet. Im Moment der Geburt geschieht etwas Bedeutsames. Nur wenn wir das anerkennen, können wir uns nicht bloß rhetorisch, sondern *wirklich* von der traditionellen Sichtweise lösen, die Gebären und Sorgen in der Position der Mutterschaft einfach gleichgesetzt hat.

---

was notwendig ist« in: Ronald Blaschke und Werner Rätz, Hg. (2013) Teil der Lösung. Plädoyer für ein bedingungsloses Grundeinkommen, Rotpunktverlag.

In unserer Kultur wird die Geburt als wichtiger Moment des Übergangs von einem biologischen in ein soziales Beziehungsgefüge allerdings kaum beachtet. Es gibt keinerlei Initiationsriten für dieses Ereignis. Selbst die Taufe, die bis vor einigen Jahrzehnten in Europa diese Funktion immerhin rudimentär ausfüllte, wird heute kaum noch gefeiert. Stattdessen wird in der Person der ›Mutter‹ eine Kontinuität zwischen prä- und postnatalem Zustand imaginiert. So wird zum Beispiel gesagt, eine Person, die ein Kind gebiert und sich dann nicht darum kümmert, sei keine ›richtige‹ Mutter. Auch Begriffe wie ›werdende Mutter‹ für schwangere Frauen bekräftigen diese Vorstellung eines nahtlosen Übergangs. Es erscheint daher als *unnatürlich*, die Beziehung zwischen Mutter und Kind nach der Geburt mit anderen Augen zu betrachten als vor der Geburt. Aus diesem Grund wird in ethischen Debatten der Fokus fast ausschließlich auf den Fötus als isoliertes Wesen gelegt. Man betont die verschiedenen Entwicklungsschritte im Reifungsprozess[101] – die Verschmelzung der Gameten, die Einnistung im Uterus, der erste Herzschlag, die theoretische Überlebensfähigkeit im Fall einer Frühgeburt und so weiter.

Aus einer Beziehungsperspektive ist jedoch der Moment der Geburt der entscheidende Übergang, denn in diesem Moment wird aus dem Zustand des ›zwei in einer‹ ein ›zwei‹. Die ehemals Schwangere ist nun nicht mehr schwanger, das ehemals ungeborene Wesen ist jetzt geboren und ein Kind. Die Beziehung ist von nun an auflösbar, was bedeutet, dass sie aus dem Bereich der biologischen Notwendigkeiten in den Bereich der Politik, der menschengemachten Regeln, überwechselt. Im Moment der Geburt wird zwar der Fötus als solcher nicht ein komplett anderes Wesen, aber die Art und Weise, wie er existiert, ändert sich von Grund auf: Er ist nun nicht mehr von genau einem bestimmten Menschen abhängig, sondern als

101 Wobei auch diese Sichtweise eine historische Dimension hat, vgl. dazu Caroline Arni (2018) Pränatale Zeiten. Das Ungeborene und die Humanwissenschaften, Schwabe Verlag.

gesellschaftliches Wesen eingebunden in die Vielheit anderer Menschen. Wenn wir nur auf den Fötus schauen und darin auch schon vor der Geburt ein ›ungeborenes Kind‹ sehen, sehen wir durch die Schwangere hindurch, konstruieren ein Kontinuum des Lebens, in dem sie keine Rolle spielt. Diese Unsichtbarkeit der Schwangeren prägt die patriarchale Ikonografie seit Jahrhunderten, von Leonardo da Vincis berühmter Zeichnung eines Embryos im Uterus über die spektakulären Fotografien von Lennard Nilsson unter dem Titel *Ein Kind entsteht* (offenbar irgendwie aus dem Nichts heraus und ohne fremdes Zutun) bis zu Anti-Abtreibungsplakaten, in der die Schwangere als schwarzer Schatten hinter dem grell leuchtenden Uterus verschwindet. Diese Möglichkeit, dass die Schwangere für das Kind keine Rolle spielt, entsteht aber in Wahrheit erst mit der Geburt. Erst dann ist es möglich, dass die ehemals Schwangere aus dem Leben des Kindes ›verschwindet‹.

Dass es eine ›natürliche‹ Prädisposition gäbe, wonach Frauen, die Kinder geboren haben, sich auch um diese kümmern wollen, wird inzwischen bezweifelt. Die israelische Neurobiologin Ruth Feldmann hat herausgefunden, dass sich die Hirntätigkeit homosexueller Väter, die sich hauptverantwortlich um Kleinkinder kümmern, nicht von der von Müttern unterscheidet, die Kinder geboren haben.[102] Offenbar ist es nicht so, dass eine bestimmte körperliche Disposition (die Tatsache, dass man ein Kind geboren hat) unweigerlich dazu führt, dass diese Person sich besonders gerne um dieses Kind kümmert, sondern es ist genau anders herum: Eine Person, die sich besonders intensiv um ein Kind kümmert, erfährt messbare körperliche Veränderungen, zum Beispiel der Hirntätigkeit. Der Zusammenhang von Körper und Sozialem ist keine Einbahnstraße, beides beeinflusst sich wechselseitig. Kulturelle und biologische, körperliche und geistige Aspekte sind auf komplexe Weise miteinander verwoben. Selbstverständlich spielen körperliche Aspekte in der Beziehung zwischen Mutter und Kind auch nach der Ge-

102 Vgl. Christina von Braun (2018) Blutsbande, a.a.O., S. 468.

burt noch eine Rolle. Viele Frauen erleben den Übergang vom schwangeren zum nicht mehr schwangeren Zustand nicht als Ende, sondern im Gegenteil als Beginn, und zwar den Beginn einer sehr großen Verantwortung.[103] Sie willigen also in ihre Rolle der ›Mutter‹ ein. Aber das ist keine biologische Zwangsläufigkeit und auch faktisch nicht bei allen Frauen der Fall.

Es gibt nach der Geburt eines Kindes genau genommen vier Möglichkeiten: Die Gebärerin kann selbst die Verantwortung für die Versorgung des Kindes übernehmen. Oder sie teilt diese Verantwortung mit einer oder mehreren anderen Personen und gründet eine Familie. Das kann der Vater sein, oder ihre Partnerin in einer lesbischen Beziehung, es können Menschen sein, mit denen sie ein Co-Parenting vereinbart hat, also gemeinsame Elternschaft ohne romantische Beziehung. Die dritte Möglichkeit ist, dass sie das Kind vollständig in die Verantwortung anderer Menschen übergibt und sich selbst aus der Elternschaft zurückzieht; sei es im Rahmen einer Leihmutterschaftsvereinbarung oder weil sie das Kind auf freundschaftlicher Basis für andere ausgetragen hat, vielleicht für eine Bekannte, die selbst nicht schwanger werden kann. Oder weil sie selbst keine Mutter sein will, aber den Embryo nicht abtreiben wollte, wofür es viele Gründe geben kann – religiöse Überzeugung, weil sie den Zeitpunkt verpasst hat, weil sie es sich im Lauf der Schwangerschaft anders überlegt hat. Wäre es nicht sinnvoll, diesen Übergang in einer Zeremonie zu begehen, den Beginn einer Elternschaft offiziell zu markieren? Bei einer solchen Zeremonie könnte sich gegebenenfalls auch die Gebärerin in Würde und mit gesellschaftlicher Achtung von dem Kind verabschieden. Schließlich gibt es nach der Geburt auch noch eine vierte Möglichkeit, die ethisch allerdings nicht zu legitimieren ist: dass das Baby der gebärenden Person nach der Geburt gegen ihren Willen weggenommen wird.

---

103 Das schildert zum Beispiel sehr anschaulich Sabine Rennefanz: »Ist das Mutterglück?« in: Berliner Zeitung, 13.1.2019, https://www.berliner-zeitung.de/kultur/literatur/ist-das-mutterglueck--schmerzende-brueste-und-ein-gefuehl-von-unfreiheit-31862644

Derzeit stellt das Adoptionsrecht in Deutschland (wie in vielen anderen Ländern) eine Gebärende vor genau zwei Alternativen. Sie kann ›das Kind weggeben‹, es also zur Adoption freigeben – dann verzichtet sie aber auf jegliche weitere Einflussmöglichkeit. Zum Beispiel kann sie das Kind nicht in die Obhut ihrer kinderlosen Freunde abgeben, die gerne Eltern sein möchten, jedenfalls nicht auf einer rechtlich abgesicherten Grundlage. Oder sie entschließt sich, ›das Kind zu behalten‹, also Mutter zu werden, dann muss sie aber auch selber sehen, wie sie damit zurechtkommt. Unter Umständen kann ihr dann sogar gegen ihren Willen ein Co-Elternteil zugewiesen werden, denn männliche Gametenbeiträger haben völlig unabhängig von ihrem konkreten Beziehungsverhältnis Vaterschaftsrechte, sogar dann, wenn sie gegenüber der Schwangeren gewalttätig sind. Wer in so einem Fall keine dauerhafte Beziehung zu diesem Mann wünscht, muss nach derzeitiger Rechtslage entweder abtreiben oder selbst von der Mutterrolle zurücktreten.

Die patriarchale Entmündigung und Entrechtung von Schwangeren nach der Geburt hat eine lange Tradition. Noch in den 1960er-Jahren hatte in der BRD nicht die Mutter, sondern das Jugendamt das Sorgerecht für nichtehelich geborene Kinder.[104] Frauen, die keinen Vater für ihre Kinder vorweisen konnten oder wollten, waren der Willkür von Beamten ausgeliefert – dass sie nicht verheiratet waren genügte, sie eines ›unsittlichen Lebenswandels‹ zu beschuldigen.[105] Staatsbeamte entschieden darüber, ob die Kinder bei ihrer Mutter leben durften oder ob sie direkt nach der Geburt ins Heim kamen. In diesen Fällen wurde den Gebärenden teilweise sogar verboten, ihre Babys auch nur einmal anzuschauen, geschweige denn, sie zu stillen. Diese frauenverachtende Praxis findet sich heute

---

104 https://www.zeit.de/zeit-magazin/2018/25/entbindungsheime-unverheiratete-frauen-kinder-geburt-adoption/seite-2

105 Sabine Adler: »Zwangsadoptionen in der Bundesrepublik«, Deutschlandfunk vom 17.10.2021, https://www.zeit.de/zeit-magazin/leben/2021-10/samenspende-mutterschaft-kosten-vorurteile-kinderwunsch

manchmal eins zu eins in Vereinbarungen und Verträgen für bezahlte Schwangerschaften wieder. Erst 1970 wurde das Gesetz reformiert und damit die Möglichkeit geschaffen, dass auch unverheiratete Mütter das Sorgerecht für ihre Kinder haben. Heute wird dieses Recht durch die Lobbyarbeit von Väterrechtlern teilweise wieder ausgehebelt.

Aktuell steht die rechtliche Gleichstellung lesbischer Co-Mütter an, die bisher einen aufwändigen Adoptionsprozess durchlaufen müssen, bevor sie als Elternteil eines von ihrer Ehefrau geborenen Kindes anerkannt werden – dieses Detail ist interessanterweise das einzige, das bei der Umsetzung der Ehe für alle 2017 ›vergessen‹ wurde, die einzige Ungleichbehandlung von homosexuellen Menschen, die man damals beibehalten hat.[106] Auch dahinter stand der Lobbyismus von ›biologischen‹ Vätern, die fragten: Wenn die lesbische Co-Mutter automatisch als Elternteil eingetragen wird, was ist dann mit ›unseren‹ Rechten? Bei heterosexuellen Paaren gilt aber der Ehemann der Mutter schon immer auch dann als Vater, wenn es nicht seine Gameten waren, die zur Zeugung des Embryos beigetragen haben. In Hetero-Familien ›sticht‹ der Ehemann also den Mitzeuger, die soziale Verwandtschaft zählt mehr als die genetische. Auch der nicht verheiratete männliche Partner einer Frau, die geboren hat, kann durch einen unkomplizierten Gang zum Standesamt und ohne Nachweis biologischer Verwandtschaft den Eintrag in die Geburtsurkunde erwirken. Hoffentlich wird diese Schlechterstellung lesbischer Co-Mütter nicht mehr lange Bestand haben.

All diese Konflikte und Debatten zeigen einen dringenden Regelungsbedarf an: Wenn das traditionelle heterosexuelle Paar mit eigenen leiblichen Kindern nicht mehr die einzig legitime Norm für Familiengründung ist, muss das Verhältnis zwischen den Generationen und zwischen den Menschen, die in den

---

106 Zum aktuellen Stand vgl. den Artikel »Nodoption – oder der Kampf queerer Familien für ihre Grundrechte« in: Wir Frauen, Nr. 4/2021.

unterschiedlichsten Rollen an der Entstehung eines neuen Menschen beteiligt sind, neu bestimmt werden. Diese Diskussionen fallen auch deshalb so schwer, weil die vorhandenen Begriffe selbst an die heteronormative Logik gebunden sind. Was genau ist denn eine ›Mutter‹? Eine Person, die ein Kind geboren hat? Eine Frau, die eine Schwangerschaft initiiert – vielleicht bei einer anderen gegen Bezahlung? Eine Person, mit deren Eizelle ein Kind gezeugt wird? Eine Frau, die sich um ein Kind kümmert und es versorgt? Und was ist ein Vater? Ein Mann, der mit einer Mutter verheiratet ist? Ein Mensch, dessen Pollenejakulat zur Zeugung eines Embryos verwendet wurde? Ein Mann, der sich im Alltag um ein Kind kümmert? Es geht hier um viel mehr als nur um eine Trennung elterlicher Begriffe von binären Geschlechtsidentitäten. Für vielfältige Formen von Familie brauchen wir neue Wörter, wenn wir nicht dauernd aneinander vorbeireden wollen.

Ein gutes Beispiel ist der § 1591 des deutschen Bürgerlichen Gesetzbuchs (BGB), wo immer noch der Satz steht: »Mutter eines Kindes ist die Frau, die es geboren hat.« Formuliert wurde das in der Absicht, der Legalisierung von Leihmutterschaft einen Riegel vorzuschieben. Inzwischen ist der Satz aber aus einem ganz anderen Grund obsolet: 2011 wurde das Transsexuellengesetz dahingehend geändert, dass für eine Personenstandsänderung keine geschlechtsangleichende Operation mehr erforderlich ist. Seither können also Männer offiziell schwanger werden. Nach deutschem Recht gelten sie allerdings wegen § 1591 BGB immer noch als ›Mütter‹ ihrer Kinder, nicht als Väter. Dagegen klagte ein trans Mann, der sich, nachdem er ein Kind geboren hatte, als ›Mutter‹ in das Geburtsregister eintragen musste.[107] Sein Argument: Er werde fälschlicherweise als ›weiblich‹ registriert. Und tatsächlich wurde er nicht nur als ›Mutter‹ eingetragen, sondern auch noch unter dem früheren (weiblichen) Vornamen. Trotzdem hat der Bundesgerichtshof

107 Christian Rath: »Transmann muss Mutter sein«, taz vom 25.9.2017, http://www.taz.de/!5450194

in einem Grundsatzurteil vom September 2017 die Klage abgewiesen mit der Begründung, dass »der rechtliche Status als Vater und Mutter untereinander nicht beliebig austauschbar« sei. Aber warum soll dieser Status nicht austauschbar sein? Die einzig denkbare Erklärung ist, dass sich der BGH unter ›Vater‹ und ›Mutter‹ nicht eine soziale Elternrolle, sondern die reproduktive Differenz vorstellt. Denn Letztere ist tatsächlich ›nicht austauschbar‹, die sozialen Rollen zwischen Vätern und Müttern aber sehr wohl – das zumindest ist sogar explizites Ziel staatlicher Gleichstellungsmaßnahmen. Viele Aktivist*innen haben sich über dieses Urteil empört, weil sie darin eine Missachtung der geschlechtlichen Identität des Klägers sehen – für sie bezeichnen die Begriffe ›Vater‹ und ›Mutter‹ also nicht die reproduktive Differenz, sondern die soziale Gender-Zuschreibung. Das Beispiel zeigt gut, dass sich viele Konflikte rund um dieses Themenfeld vor allem um die damit verbundene symbolische Ordnung drehen.

Die ›Binarität‹ von Geschlechter- und Generationenbeziehungen endet nicht mit der Auflösung der Dichotomie von weiblich und männlich, sondern es geht darum, Geschlechtlichkeit, Elternschaft, Familienformen generell zu ent-binarisieren, also von der Gegenüberstellung von ›normal‹ und ›unnormal‹ wegzukommen. In einer postpatriarchalen symbolischen Ordnung muss sich abbilden, dass es nicht nur eine Form von Elternschaft gibt, sondern verschiedene: genetische Elternschaft (Beiträger*in von Eizelle bzw. Polle), gebärende Elternschaft (die Person, die schwanger war), intendierte Elternschaft (Person, die aus Kinderwunsch eine Schwangerschaft initiiert – bei sich selbst, bei einer Lebensgefährtin, bei einer Reproduktionsagentur), juristische Elternschaft (Person mit staatlich garantiertem Sorgerecht), soziale Elternschaft (Person, die sich tatsächlich um ein Kind kümmert). Wie praktisch wäre es für die Debatte, wenn wir für all diese Positionen unterschiedliche Wörter zur Verfügung hätten!

Welche Art der Familiengründung ist ethisch erlaubt? Was ist zum Beispiel mit jenem Japaner, der 16 Babys von verschiedenen thailändischen Frauen hat austragen lassen mit der Begründung, er wolle eben eine große Familie, und als mehrfacher Millionär könne er sich das leisten?[108] Was ist mit der 60-Jährigen, die einen aus den Gameten ihres Sohnes und der Schwester seines Ehemannes gezeugten Embryo austrug und zur Welt brachte? Mit jenem Vater, der die Leihmutter zur Abtreibung zwingen wollte, die mit Drillingen schwanger war, während er aber nur ein Kind wollte?[109] Oder mit jenem Paar, das die Leihmutter zur Abtreibung zwingen wollte, nachdem sich herausstellte, dass der Fötus das Down-Symdrom hatte?[110] Mit jenem chinesischen Jungen, der zur Welt kam, nachdem seine genetischen Eltern bereits seit vier Jahren tot waren? Die Großeltern hatten dafür gekämpft, dass der vorher eingefrorene Embryo von einer anderen Frau ausgetragen werden konnte.[111] Sind die beiden spanischen Männer im Recht, die die von ihnen beauftragte thailändische Tragemutter gerichtlich gezwungen haben, ihnen das Kind nach der Geburt auszuhändigen?[112] Was ist mit jenen israelischen Eltern, die ihrem Sohn nach einem tödlichen Autounfall Ejakulat entnehmen ließen, es einfroren, und dann auf die Suche nach einer geeigneten Schwiegertochter gingen, die vier Jahre später ihr Enkelkind austrug?[113] Oder mit jener Witwe, der das Oberlandesgericht München 2017 die Befruchtung mit dem Sperma ihres verstorbenen Ehemannes untersagte?[114]

---

108 https://www.derwesten.de/panorama/japaner-bekommt-in-thailand-sorgerecht-fuer-13-kinder-id213493753.html

109 https://www.missmum.at/leihmutter-drillinge-abtreibung

110 https://blogs.faz.net/biopolitik/2010/11/26/leihmutter-zur-abtrei bung-genoetigt-161

111 Vgl. https://www.faz.net/aktuell/gesellschaft/menschen/baby-kom mt-vier-jahre-nach-tod-seiner-eltern-zur-welt-15538822.html

112 https://www.sueddeutsche.de/panorama/thailand-leihmutter-ver weigert-die-ausreise-zwei-vaeter-kaempfen-um-ihr-kind-1.2689586

113 Christina von Braun (2018) Blutsbande. Verwandtschaft als Kulturgeschichte, Aufbau Verlag, S. 466.

114 Ebd.

Bei den ethischen Debatten darüber, wie wir die technischen Möglichkeiten der Reproduktion in Zukunft gesellschaftlich nutzen wollen, ist es wichtig, die Grenzen traditioneller heteronormativer Klischees und vermeintlicher ›Natürlichkeiten‹ zu sprengen und stattdessen Kriterien anzulegen, die sich an Werten wie Freiheit und Gerechtigkeit orientieren und die Würde von Kindern, von Menschen, die schwanger werden (können), von Menschen mit Kinderwunsch wahren.

Ausblick: Stichpunkte für eine neue Ethik der Reproduktion

Zum Abschluss dieses Büchleins möchte ich einen kurzen Ausblick darauf geben, wie solche Fragen in Zukunft diskutiert werden könnten. Auf die patriarchale moralphilosophische Tradition können wir dabei kaum zurückgreifen, denn sie hat sich mit diesen Fragen nie ernsthaft beschäftigt – man glaubte ja, mit der heteronormativen Ordnung bereits die einzig wahre, von Gott befohlene und von der Natur vorgegebene Möglichkeit gefunden zu haben. Wenn wir deren Vorannahmen heute ablehnen, brauchen wir ein anderes Wertesystem zur Orientierung.

Dabei ist zunächst vor allem festzuhalten, dass eine Schwangerschaft nichts ist, was die betreffenden Menschen passiv und untätig erleiden, sondern eine besondere Art von gemeinschaftlicher Existenz, die aktiv zu gestalten und zu kultivieren ist. Feministische Denkerinnen haben mit dieser Vorarbeit bereits in den 1970er-Jahren begonnen. Die Philosophin Luce Irigaray hat den Zustand des Schwangerseins als »Zwei in eins« beschrieben und damit als eine Form der Beziehung, für die eigene moralische und ethische Kategorien entwickelt werden müssten.[115] Die Psychoanalytikerin Antoinette Fouque entwarf ein Konzept der »Gynökonomie«, also eine theoretische Auseinandersetzung mit dem schwangeren Körper, um den Uterus (und die Menschen, die einen haben) aus der Jahrtausende alten Kontrolle patriarchaler Kultur zu befreien.[116] Die Philosophin Luisa Muraro hat über eine »symbolische Ordnung der Mutter« nachgedacht, als Alternative zur traditionellen, männerdominierten Weltsicht.[117] Diese Arbeiten gilt es, wieder zu entdecken und für

115 Luce Irigaray (1974) Speculum, Spiegel des anderen Geschlechts, Edition Suhrkamp, S. 297.
116 Antoinette Fouque (2015) There are Two Sexes. Essays in Feminology, Columbia University Press.
117 Luisa Muraro (2005) Die symbolische Ordnung der Mutter, Christel Göttert Verlag (italienische Erstveröffentlichung 1991).

aktuelle reproduktionsethische Debatten und Herausforderungen fruchtbar zu machen. Die folgenden Punkte sind dabei als Vorschläge zu verstehen, als ein erster Aufschlag zu den zentralen Punkten, die dabei wichtig sein könnten.

Eines der Hauptargumente, das von konservativer Seite gegen feministische und queere Vorschläge für eine Neuordnung familiäre Verhältnisse und Generationenbeziehungen vorgebracht wird, ist der, dass sie das Kindeswohl nicht beachten würden. Das ist ein recht scheinheiliges Argument, wenn man sich anschaut, wie gerade heterosexistisch-patriarchale Verhältnisse das Kindeswohl mit Füßen getreten haben. Das beweist die strukturelle sexualisierte Gewalt in den christlichen Kirchen, aber auch im Jugendsport, an Schulen und in Bildungseinrichtungen – und nicht zuletzt natürlich auch in traditionellen patriarchalen Familien, die der gesellschaftlichen Kontrolle lange Zeit explizit entzogen waren. Das Wohl der Kinder stand nie im Zentrum patriarchaler Ordnungen. Es ist aber richtig, dass das Kindeswohl bei einer Neuordnung von Geschlechterbeziehungen und reproduktiven Verhältnissen eine hohe Priorität bekommen sollte. Kinder sind Menschen, die noch nicht für sich selbst sorgen oder ihre Interessen eigenständig vertreten können. Kinder haben einen Anspruch darauf, jederzeit gut versorgt, gefördert, geliebt zu werden und in einer sicheren, wertschätzenden und stabilen Umgebung aufzuwachsen. Es ist die Aufgabe von Staat und Gesellschaft ebenso wie von Einzelnen, dieses Wohl zu garantieren. Ob es einem Kind gut geht oder nicht, hängt aber von seinen tatsächlichen Lebensumständen ab und nicht davon, ob es hetero- oder homosexuelle Eltern hat, ob es mit oder ohne Reproduktionstechnologie gezeugt wurde, ob es biologisch von seinen Eltern abstammt oder nicht. Es ist nicht möglich, das Kindeswohl mit einer bestimmten Lebens- oder Familienform zu verknüpfen oder gar gleichzusetzen. Dem Kindeswohl in der ethischen Debatte oberste Priorität zu geben, bedeutet daher auch, allen Argumentationen entgegenzutreten, die es zur Unterfütterung eigener weltanschaulicher Überzeugungen missbrauchen. Gesellschaftliche Rahmenbedingungen müssen vielmehr sicherstellen, dass Kinder in den unterschiedlichsten Familienkonstellationen gut versorgt, gefördert und geliebt aufwachsen können.

Gleichzeitig sind Freiheit, Würde und Selbstbestimmung von Schwangeren zu achten. Menschen, die schwanger werden können – also in der Regel Frauen, aber auch Menschen mit Uterus, die sich als nicht-binär oder trans männlich identifizieren –, haben sämtliche Rechte, die andere Menschen auch genießen. Dazu gehört ausdrücklich auch das Recht auf körperliche Selbstbestimmung. Alle Vorstellungen, die in der aristotelischen Tradition den schwangeren Körper lediglich als passive Materie betrachten, als Nährboden für den Samen anderer ohne eigene Subjektivität, sind zurückzuweisen. Der vermeintliche Interessengegensatz zwischen einer schwangeren Person und dem Embryo in ihrem Leib, aus dem patriarchale Instanzen (Väter, Richter, Priester) für sich die Legitimation abgeleitet haben, die vermeintlichen Interessen dieses Embryos gegen den Willen der Schwangeren vertreten zu dürfen, existiert nicht. Das »Zwei in eins« einer Schwangerschaft muss anders beschrieben werden, damit die dialektische Situation, dass zwei menschliche Wesen gleichzeitig identisch und nicht identisch sind, fassbar wird. Mit dieser Denkarbeit stehen wir erst ganz am Anfang. Klar ist aber, dass auch für Schwangere gelten muss, dass sie, um mit Kant zu sprechen, »jederzeit zugleich als Zweck, niemals bloß als Mittel« angesehen werden dürfen.

Ein dritter Punkt: In freiheitlichen Gesellschaften müssen Menschen jederzeit die Möglichkeit haben, ihre Beziehungen nach ihren eigenen Wünschen zu gestalten. Aus der reproduktiven Differenz, also der Tatsache, dass Menschen in zwei körperlichen Varianten existieren, ergibt sich nicht ›natürlicherweise‹ eine bestimmte oder gar ›gottgewollte‹ Lebens- und Familienform. Das schließt eine ethische Debatte über unterschiedliche Lebensentwürfe nicht aus. Diese Debatte kann jedoch nicht unter Hinweis auf vermeintliche höhere Instanzen geführt werden, sondern muss ihre Argumente aus der jeweils vorhandenen Realität und den tatsächlichen Erfahrungen schöpfen. Von denjenigen, die für eine Liberalisierung der derzeitigen Gesetze in Bezug auf Reproduktionstechnologien eintreten, wird heute manchmal die Forderung nach einem ›Recht auf ein eigenes Kind‹ erhoben und davon ausgehend argumentiert, dass ein Verbot der Leihmutterschaft dieses Recht zum Beispiel für schwule Männer missachten würde. Aber Menschen sind nun einmal von ihrer Biologie her so geschaffen, dass nicht alle schwanger werden können. Nicht schwanger werden zu können, ist keine Krankheit, keine Benachteiligung, die von der Allgemeinheit ausgeglichen werden müsste. Die Gesellschaft ist allerdings durchaus moralisch dazu verpflichtet, Verhältnisse zu schaffen, in denen Kinderlosigkeit ebenso wie Elternschaft als normal anerkannt und akzeptiert wird. Außerdem müssen gute Regelungen dafür gefunden werden, dass Erwachsene, die nicht selbst geboren haben, trotzdem elterliche Verantwortung übernehmen können. Hierbei kommt insbesondere Vätern eine bleibend wichtige Rolle zu – aber das traditionelle Konzept der Vaterschaft muss dringend von alten herrschaftsförmigen Anteilen befreit und postpatriarchal neu gedacht werden. Zusätzlich sollten weitere Formen verantwortlicher Co-Elternschaft ermöglicht und rechtlich abgesichert werden, vor allem lesbische Co-Mütter, aber auch Mehrelternschaften zum Beispiel in Co-Parenting-Familien sowie Lebensgemeinschaften von Menschen, die selbst keine Kinder gebären können, etwa schwule Paare.

Festzuhalten ist auch, dass genetische Verwandtschaft nicht automatisch einen Anspruch auf Elternschaft konstituieren kann. Gemeinsame Elternschaft setzt voraus, dass die beteiligten Erwachsenen einvernehmlich miteinander auskommen, denn sie erfordert ein großes Maß an Kooperation und Beziehung. Deshalb darf Co-Elternschaft nicht gegen den Willen der Schwangeren etabliert werden. Schwangere müssen die Möglichkeit haben, ein Kind zur Welt zu bringen, ohne damit zugleich in eine gemeinsame Elternbeziehung mit dem genetischen Mitzeuger einzuwilligen. Auch im Hinblick auf das Kindeswohl erscheint es nicht richtig, Kinder schon von Geburt an in schwer konfliktbeladene oder zerstrittene Familienkonstellation hineinzustellen. Anders liegt der Fall, wenn Eltern sich zu einem späteren Zeitpunkt trennen, wenn also bereits eine Beziehung zwischen dem Kind und einem Co-Elternteil entstanden ist. Diese Beziehung ist unbedingt zu schützen und abzusichern, auch wenn sich dadurch Konflikte und Schwierigkeiten ergeben. Gleichzeitig hat auch die Gesellschaft eine Verpflichtung, einzugreifen, wenn Eltern nicht in der Lage sind, ein Kind gut zu versorgen, oder wenn sie ihm anderweitig schaden.

Niemand darf einer Schwangeren das Kind nach der Geburt gegen ihren Willen wegnehmen. Eine Übergabe des Kindes in die Obhut Dritter kann nur freiwillig erfolgen. Sollten dazu vorab bereits Verträge vereinbart worden sein, zum Beispiel im Rahmen einer Leihmutterschaft oder auch einer mündlichen Vereinbarung, sollten diese Verträge erst einige Wochen nach der Geburt rechtskräftig werden – hier könnte man sich an den geltenden Regeln zum ›Mutterschaftsurlaub‹ orientieren. Angesichts der körperlichen und psychischen Ausnahmesituation, die eine Schwangerschaft und Geburt mit sich bringen, erscheint es angemessen, bei solchen wichtigen Entscheidungen keinen übermäßigen Druck auszuüben. Eine Entscheidungsfrist hätte auch den wünschenswerten Nebeneffekt, die ausufernde Kommerzialisierung von Leihmutterschaft zu erschweren, denn auftraggebende Eltern wüssten nie mit letzter Sicherheit, ob sie nach der Geburt das Kind auch wirklich anvertraut bekommen, und Agenturen und Kliniken könnten dies ihren Kund*innen auch nicht garantieren.

Staat und Gesellschaft müssen für die Versorgung und Erziehung aller Kinder verlässlich einstehen. Für den Fall, dass die Schwangere selbst eine Elternschaft ablehnt und auch keine anderen Eltern bestimmt, oder falls diese sich nicht zur Elternschaft bereitfinden, haben der Staat bzw. die Gesellschaft für dieses Kind zu sorgen. Dabei könnte an das bestehende Adoptionsrecht angeschlossen werden, das allerdings so weiterentwickelt werden müsste, dass alle interessierten und geeigneten Personen dieselben Möglichkeiten haben, Kinder zu adoptieren und auch die gebärende Person selbst an dem Prozess mitwirken kann, wenn sie es wünscht. Der Staat kann durchaus im Sinne des Kindeswohls Kriterien dafür definieren, welche Bedingungen erfüllt sein müssen, bevor jemand Elternteil eines Kindes wird, das er oder sie nicht selbst geboren hat. Diese Kriterien müssen sich allerdings inhaltlich auch wirklich am Kindeswohl orientieren, sie können nicht aus Lebensform, Geschlecht und anderen Parametern pauschal abgeleitet werden.

Reproduktionstechnologien müssen kritisch evaluiert werden: Die Risiken und Nebenwirkungen reproduktionstechnologischer Methoden insbesondere für Eizellgeberinnen und Schwangere sind kritisch zu evaluieren und gegen den Fortpflanzungswunsch anderer Personen sorgfältig abzuwägen. Dies gilt für die kommerzielle Entnahme von Eizellen oder für Leihmutterschaft ebenso wie für die Anwendung dieser Methoden bei heterosexuellen Paaren. Gesellschaftliche Diskurse sollen dazu beitragen, die Ambivalenz dieser Möglichkeiten sichtbar zu machen und der Entstehung eines normativen Drucks, sich dieser Technologien zu bedienen, entschieden entgegenwirken. Ob eine Technologie zugelassen wird oder nicht, muss sich aus den Argumenten für oder gegen diese Technologie selbst ergeben, insbesondere aus ihrem gesundheitlichen Gefährdungspotenzial oder anderen Risiken. Wenn eine Technologie jedoch als ethisch akzeptiert wurde, darf der Zugang zu ihr nicht von einer bestimmten Lebensform oder von finanziellen Möglichkeiten abhängig gemacht werden. Sie muss dann allen interessierten Menschen offenstehen und sollte auch unter bestimmten, politisch zu definierenden Bedingungen von Solidarsystemen wie etwa Krankenkassen finanziert werden.

Kinder sollten die Möglichkeit haben, ihre biologischen Wurzeln zu kennen: Wenn Kinder biologisch von anderen Menschen als ihren Eltern abstammen – weil sie durch Gametenspenden gezeugt oder von einer Leihmutter geboren wurden, aber auch in Patchworkfamilien oder weil sie außerehelich gezeugt wurden –, kann es sein, dass sie die Identität dieser Menschen erfahren möchten. Auch aus medizinischen Gründen kann diese Information wichtig sein, etwa bei Erbkrankheiten. Deshalb sollte alles dafür getan werden, dass die Information der eigenen biologischen Abstammung allen Menschen zugänglich gemacht wird, und zwar sowohl was die Identität der Gametenspender*innen als auch der Tragemütter betrifft. Ein gesetzlicher *Rechtsanspruch* auf Kenntnis der biologischen Wurzeln erscheint jedoch nicht möglich. Niemand hat ein Recht darauf, von einem anderen Menschen Auskunft über sein intimes Leben, zum Beispiel etwaige Sexualpartner*innen, zu bekommen. Auch nicht Kinder gegenüber ihren Müttern.

Der ökonomischen Ausbeutung menschlicher Reproduktionsfähigkeiten ist entgegenzutreten. Dass derzeit die reproduktiven Fähigkeiten insbesondere von Leihmüttern und Eizellverkäuferinnen auf einem globalisierten kapitalistischen Markt häufig auf menschenverachtende Weise ausgebeutet werden, ist mit all seinen negativen Begleiterscheinungen kaum zu leugnen. Dieser Aspekt muss viel stärker ins politische und öffentliche Bewusstsein gebracht werden, gerade wenn über die neuen Möglichkeiten und Optionen von Reproduktionstechnologie berichtet wird. Es ist jedoch nicht hilfreich, diese Debatten als einfaches Pro und Contra zu führen. Statt pauschaler Verurteilungen reproduktionstechnologischer Optionen sollte dem Thema mehr konkrete Aufmerksamkeit im Detail gewidmet werden. Dabei müssen vor allem die Betroffenen selbst, also Leihmütter und Eizellverkäuferinnen, zu Wort kommen. Denn sie wissen am besten, welches ihre Probleme sind und wie Abhilfe geschaffen werden könnte. Politische Selbstorganisationen solcher Gruppen sind zu unterstützen und zu fördern. Außerdem müssen alle Abmachungen als sittenwidrig geächtet werden, die Schwangeren einen bestimmten Lebenswandel, bestimmte medizinische Untersuchungen, eine bestimmte Diät oder ähnliches vorschreiben. Das Recht auf körperliche Selbstbestimmung ist ein unveräußerliches Menschenrecht, das nicht vertraglich außer Kraft gesetzt werden kann.

Der beste Weg, um zu verhindern, dass Frauen durch die Reproduktionsindustrie ausgebeutet werden, ist allerdings ein aktives Eintreten für globale ökonomische Gerechtigkeit und die Sicherstellung individueller Freiheitsrechte. Nur wenn Frauen in materiell abgesicherten Verhältnissen leben, ist gewährleistet, dass sie nicht aus purer Armut in Arrangements einwilligen, die ihre Menschenwürde beschädigen. Je mehr Rechte und gesellschaftliche Freiheiten sie genießen, desto eher können sie sozialem Druck widerstehen und sich gegen etwaige Ungerechtigkeiten zur Wehr setzen.

Emma

Ein anderer Blick

Feministischer Comic gegen die Zumutungen des Alltags

224 Seiten | B5 | 19.80 €
ISBN 978-3-89771-330-7

»Voller Feuer, Spaß und Humor – Emma ist eine politische Karikaturistin unserer Zeit. Lass dir dieses Buch nicht entgehen.«

Laurie Penny

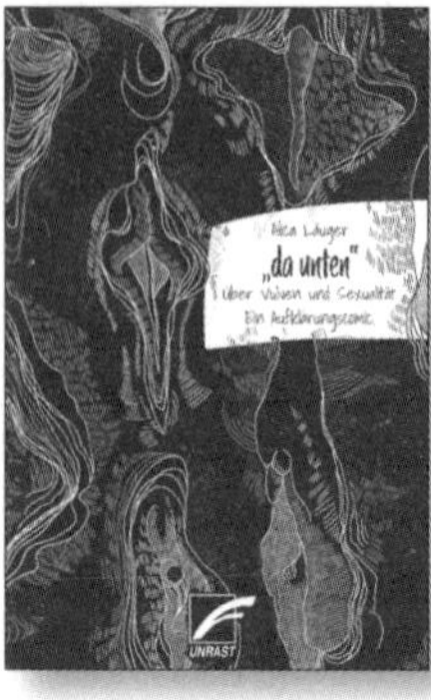

Louie Läuger

»da unten«

Über Vulven und Sexualität. Ein Aufklärungscomic

3. Auflage
116 Seiten | 12.80 €
ISBN 978-3-89771-324-6

Aufklärungscomic über weibliche* Sexualität – spannend auch für erwachsene Frauen* (und Männer*).

Sara Ahmed

Eigenwillige Subjekte

Eigenwilligkeit als Politik des Ungehorsams

336 Seiten | 19.80 €
ISBN 978-3-89771-328-4

Mit ihrem Fokus auf Eigensinnige, Umherirrende und Abweichler*innen weist Ahmed auf das widerständige Potenzial hin, das der Eigenwilligkeit inhärent ist. – Keine leichte Lektüre, aber leicht ist eine ›Politik des Ungehorsams‹ ja auch nicht.